강아지와 '가족'이 되고 싶은 당신을 위해……
내 강아지의 '마음'을 들어주세요♥

에게

드림

강아지야,
너
무슨 생각해?

강아지야,

너

무슨 생각해?

윤승아가 들려주는 내 강아지의 속마음

윤승아 지음
김건호(치료멍멍동물병원 원장) 감수

북노마드

contents

prologue 너의 마음을 내가 들어줄 수 있다면…… 012

첫 번째 이야기
너를 만나 행복해, 감사해, 사랑해
: 내 강아지와의 행복한 동거 준비하기

'세상에 오직 나 혼자……' 외로운 내게 찾아온 새로운 가족 020
  승아's know-how 강아지를 키우기 전에 이것만은 꼭 생각해보자고요! 030
  Tip 01 : 나와 궁합이 맞는 강아지, 어떻게 알 수 있을까? 034
  Tip 02 : 강아지를 분양받을 때, 절대 놓치면 안 될 체크 포인트 038
  Tip 03 : 강아지의 건강상태, 육안으로 간단히 살펴보는 방법 042

힘들다 힘들어, 좌충우돌 우당탕탕 초보 '개엄마' 도전기 044
  승아's know-how 내 강아지의 밥은 내가 책임진다! 내 강아지를 위한 웰빙 레시피 054
  Tip 04 : 강아지 입양 후 체크해야 할 사항들 056
  Tip 05 : 어떤 사료를 어떻게 먹이는 게 좋을까? 058
  Tip 06 : 사랑하는 반려견, 동물등록제로 지킵시다! 060

너의 온기가 얼어붙은 내 마음을 녹여줘 065
- Tip 07 : 강아지와 나만의 커뮤니케이션 신호 만들기 074
- Tip 08 : 강아지가 듣고 이해하는 필수 단어들 076

밤비와의 첫 산책, 잊고 싶은 그날의 추억 078
- 슝야's know-how 강아지와의 산책, 좀더 즐겁고 행복하게 만들기 086
- Tip 09 : 산책시 유의사항과 꼭 챙겨야 할 필수품 088

두 번째 이야기
왜 그래, 어디가 아픈 거니……?
: 내 강아지의 건강 챙기기

강아지도 공부가 필요해 096
- Tip 10 : 방심은 금물! 집안의 위험으로부터 우리 강아지 지키기 102
- Tip 11 : 우리 강아지, 오래 살게 하려면 이것만은 꼭! 104

단식투쟁(?)에 들어간 부 105
- 슝야's know-how 아기 강아지를 보러 갈 땐 손을 깨끗하게 씻어야 해요. 111
- Tip 12 : 맛이 없어? 왜 밥을 안 먹는 거야~? 112

부, 그만 좀 긁어! 밤비는 그만 좀 핥고! 113
Tip 13 : 핥기와 긁기의 다양한 원인과 처방 119
Tip 14 : 내 강아지 기초건강 체크 리스트 120

뚝뚝뚝, 밤비야 제발 침만은······
줄줄줄, 부야 제발 콧물만은······ 122
Tip 15 : 더위를 많이 타는 강아지, 어떻게 식혀줄까? 128
Tip 16 : 강아지 호흡기 관리는 생활환경 조성부터! 130

밤비, 부! 잘 자고 있는 거니~? 131
Tip 17 : 우리 강아지, 잘 자고 있을까? 138

밤비야ㅠㅠ 응가는 먹으면 안 돼~ 143
Tip 18 : 강아지가 대변을 먹어도 다그치지 마세요~ 147
Tip 19 : 효과적인 배변 훈련방법 149

앗, 위험한 알레르기! 150
Tip 20 : 강아지의 알레르기, 원인이 뭘까? 157
Tip 21 : 아프다는 사실을 숨기는 것이 동물의 본능. 정기적인 검진을 받자! 158

먹고 싶어도 참아, 너를 위해서야 161
Tip 22 : 내가 먹을 땐 맛있는데······ 우리 강아지에게 먹여도 될까? 168
Tip 23 : 우리 강아지, 갑자기 아플 때 사람 약을 먹여도 될까? 170

세 번째 이야기
내가 뭘 잘못했니, 화난 거야……?
: 내 강아지의 마음상태 체크하기

반항하는 거야? 갑자기 왜 이렇게 짖어? 175
Tip 24 : 개가 짖는 원인 찾기 180

엄마, 나가야지…… 조금만 참고 기다려 182
Tip 25 : 혼자 집 볼 줄 아는 씩씩한 강아지 만들기 189

부, 웃는 거야? 너의 마음을 알려줘~~ 190
Tip 26 : 강아지의 몸짓언어 읽는 방법 196

이 말썽꾸러기, 어쩌면 좋지? 200
Tip 27 : 강아지 말썽, 미리 방지하기 205

다른 친구는 싫어? 206
Tip 28 : 강아지에게 형제 만들어주기 215

밤비랑 부랑 여행 갔어요~ 218
Tip 29 : 강아지도 힐링이 필요해 224

그리고 남은 이야기
이제는 정말 행복해져야 할 아이들

'애완견'이 아니라 '가족' 234

마음의 문을 닫아버린 아이들 240
승아's know-how 마음의 문을 여는 첫걸음, 우리의 봉사활동에서 시작되는 것 아닐까요? 246

감수의 글 내가 아닌 그들의 눈으로 세상을 바라봐주세요 248

prologue

너의 마음을
내가 들어줄 수 있다면……

'너의 마음을 내가 들어줄 수 있다면, 얼마나 좋을까……'

아마 반려동물과 함께 사는 사람이라면, 한 번쯤 이런 생각을 해봤을 것이다. 서로의 언어가 다르다고 해서 마음의 교감까지 이루어지지 않는 것은 분명 아니지만, 가끔은 궁금해진다. 이 아이가 지금 무슨 생각을 하고 있는 건지, 혹시 아프거나 힘든데 내가 모르고 있는 것은 아닌지, 기분이 좋은 건지 나쁜 건지…… 아이들이 표현을 한다고 해도 나는 알아들을 수 없는 그 마음들을 제대로 헤아려주고 싶은 순간들이 생기게 마련이다.

나는 엄청난 에너지의 소유자인 다섯 살 웰시코기 '밤비'와 섬세하고 예민한 네 살 닥스훈트 '부'와 이제 6년째 함께 살고 있는데, 나 역시 밤비와 부의 마음을 알고 싶을 때가 많다. 밤비가 웃으면 뭐가 그렇게 좋은 건지, 정말 웃는 게 맞는지 궁금하고, 부가 밥을 잘 먹지 않으면 어디가 아픈 건 아닌지, 혹시 무슨 불만이 있는 건지 걱정스럽다. 친구와 대화하듯 아이들의 목소리와 마음을 내가 들어줄 수 있다면 좋을 텐데 말이다.

아마도 밤비와 부가 내게 가져다주는 행복과 기쁨 때문에 더욱 그런 것 같다. 어쩜 아이들은 내 마음을 들여다보고 있는 게 아닐까(정말 그럴 리는 없겠지만) 싶은 순간이 한두 번이 아니다. 내가 기분이 좋을 땐 방방 뛰면서 짖어대고, 내가 우울할 땐 옆에 앉아서는 가만히 온기를 전한다. 가끔은 눈물을 흘리는 내게 다가와 손등을 핥기도 하는데, 아이들만의 위로방법인 것 같아서 가슴이 뭉클해진다. 정말 밤비와 부는 내 기분을 아는 걸까?

언젠가 텔레비전에서 애니멀 커뮤니케이터인 '하이디'가 동물들과 대화하는 모습을 보고, 신기함을 넘어 부러운 마음마저 들었다. 안타깝게도 내겐 그녀 같은 특별한 재능은 없어서, 여전히 밤비와 부의 마음을 궁금해만 하고 어떻게든 알아보고자 혼자서 낑낑대는 '부족한 엄마' 노릇만 계속하고 있을 뿐이기 때문이다(밤비야 부야, 능력 없는 엄마라서 미안해).

언젠가부터 내 이름 앞에 '애견스타' '동물애호가' 같은 수식어가 붙기 시작했다. '펫승아'라는 별명도 얻었다. 내 삶에서 밤비와 부가 차지하는 비중이 워낙 크다 보니 함께 있는 모습이 자주 노출됐고, 또 밤비와 부를 통해 얻은 행복을 조금이라도 세상에 돌려주고자 동물보호활동에 참여하다 보니 자연스럽게 동물을 사랑하는 사람으로 주목받게 된 것 같다.

조금은 민망하기도 하다. 동물보호에 앞장서는 의식 있는 활동가도 아니고, 그저 반려동물을 사랑하는 평범한 한 사람일 뿐인 내겐 다소 거창한 타이틀 같아서다. 그래도 한 가지 조심스럽게 자부하는 것은, 동물을 진정 사랑하고 아끼는 마음만은 누구에게도 뒤지지 않는다는 사실이다. 그건 내가 사랑이 넘치는 사람이어서가 아니라, 그만큼 동물들에게 많은 사랑과 배움을 얻었기 때문일 것이다. 그 사랑과 행복에 조금이라도 보답하기 위해선 그만큼 더 사랑하고 아끼는 방법밖에 없으니까.

수의사도 아니고, 동물에 관해 엄청난 정보와 지식을 자랑하는 전문가도 아닌 내가 감히 이 책을 쓰게 된 것도 그런 이유 때문이다. 아이들을 사랑하지만 '더 잘' 사랑하는 방법을 몰라 애태우는 초보 엄마의 입장에서 궁금한 점들을, 나와 비슷한 상황에 놓인 '개엄마'들과 함께 해결해보고 싶었다. 밤비, 부와 함께하며 행복하고 기뻤던 순간의 기록

뿐 아니라, 아이들과 생활하면서 겪었던 여러 문제들과 오랜 경험을 통해 깨우친 나만의 노하우를 부족하나마 정리해봤다. 물론 내가 터득한 방법들은 검증된 지식은 아닐 것이다. 그래서 밤비와 부의 아빠 같은 주치의인 치료멍멍동물병원의 김건호 원장님께 도움을 청했다. 선생님은 친절하고 상세한 설명으로, 내 강아지와 더 오래, 더 행복하게 살기 위한 방법들을 정리해주셨는데, 내가 몰랐던 사실들도 많아서 정말 큰 도움이 됐다.

이 책은 내가 밤비와 부를 통해 얻은 사랑과 행복, 배움의 일기다. 그리고 밤비와 부를 더 많이, 더 잘, 더 제대로 사랑하기 위해 공부한 정보와 노하우의 기록이다. 나와 같은 많은 '개엄마' '개아빠'에게 조금이라도 도움이 된다면, 내 마음도 더 따스해질 것 같다.

밤비와 부가 나의 가족이라 행복한,

윤승아

 **intro** 이 책에 나오는 가족들을 소개합니다

밤비
웰시코기, 다섯 살, 암컷

가끔 부의 밥까지 먹어버리는 식욕과 왕성한 호기심을 자랑하는 사고뭉치 꼬마. 제대로 운동하려면 두세 시간은 움직여줘야 하는 엄청난 에너지의 소유자다. 작은 몸에 비해 귀가 유독 커다란 모습에서 애니메이션 주인공 '밤비'의 이름을 따 밤비가 되었다. 하지만 지금 밤비의 최고 매력 포인트는 토실토실한 엉덩이! 특기는 침 흘리기!

부
닥스훈트, 네 살, 암컷

밤비가 다니는 동물병원에서 만나 가족의 인연이 시작되었다. 부의 이름은 애니메이션 〈몬스터 주식회사〉의 울보 꼬마 '부'에게서 따왔다. 섬세하고 예민한 마음을 가진 아이. 감정을 잘 드러내지 않아 속마음을 알기 어렵다. 강아지이지만 혼자 있기와 사색을 좋아하는 게 오히려 고양이에 가깝다고 할까? 특기는 굴 만들기!

윤승아
밤비와 부의 엄마,
이제 6년 차 초보 엄마

어려서부터 동물을 워낙 좋아해 〈퀴즈탐험 신비의 세계〉의 마니아였다. 서울로 와 배우로서의 삶을 시작하며 밤비, 부와의 소중한 인연도 시작되었다. 밤비와 부와 살면서 살뜰히 보살피는 엄마지만 사실 '가족'이 되어준 밤비와 부에게 더 많은 것을 받는다고 말하는 마음 따뜻한 엄마. 동물을 아끼는 마음, 밤비와 부로부터 받은 사랑을 되갚기 위한 마음으로 동물보호활동에 앞장서고 있다.

김건호
수의사, 밤비와 부의
주치의 선생님

밤비와 부가 다니는 동물병원의 원장 선생님으로 오랜 시간 밤비, 부의 역사를 지켜봐왔다. 엘리트(!) 수의사이지만, 그의 가장 큰 치료 비법은 누구보다 동물을 사랑하고 아끼는 그 진실된 마음이다. 동물병원을 찾는 동물들이 무사히 치료를 마치고 가족의 품으로 돌아가는 것도 원장 선생님이 가진 진심의 힘이 아닐까.

첫 번째
이야기

너를 만나
행복해, 감사해,
사랑해

: 내 강아지와의 행복한 동거 준비하기

'세상에 오직 나 혼자······'
외로운 내게 찾아온 새로운 가족

2006년, 나는 디자이너라는 오랜 꿈을 접고 배우라는 새로움 꿈에 도전하기 위해 서울로 올라왔다. 대학에서 섬유디자인을 전공했는데 졸업작품 준비차 서울에 왔다가 우연히 길거리 캐스팅이 된 것이 방송활동의 계기였다. 알렉스&지선의 〈너무 아픈 이 말〉 뮤직비디오에 출연하면서 데뷔했고, 이는 내 인생의 터닝포인트가 되었다.

처음엔 마냥 신기하고 재미있기만 했다. 뭔가를 표현한다는 점에서는 디자인과 비슷한데, 그 도구가 나 자신이 된다는 사실이 무척 매력적으로 다가왔다.

하지만 그 묘한 흥분과 즐거움은 그리 오래가지 않았다. 정식으로 연기를 공부하거나 오랜 시간 동안 준비한 일이 아니었기 때문에, 점점 한계에 부딪치고 있었다. 설상가상으로 처음에 몸담았던 소속사에 문제가 생기는 바람에 2년 정도 활동을 쉬어야 했다. 스스로에 대한 실망, 사람에 대한 상처, 불투명한 미래에 대한 두려움…… 다시 떠올려도 아프고 힘든 시간들이었다. 모두가 바쁘게 살아가는데 나 혼자 억압되고 정지해 있는 것만 같았다. 모든 것이 부정적으로 생각되고 두렵기만 했다.

다행히 얼마 뒤 지금의 소속사에 둥지를 틀 수 있었지만, 그 무렵의 나는 상처가 너무 깊어서 세상을 향한 마음의 문을 닫아버렸다. 새 출발에 대한 의지와 각오를 다지고 있긴 했지만, '세상에 오직 나 혼자뿐'이라는 외로움은 쉽게 사라지지 않았다. 친한 친구들조차 만나고 싶지 않던 나날들. 집에 홀로 우두커니 앉아 시간을 보내는 일이 잦아졌다. 그런 내가 안쓰러웠던 걸까. 어느 날 지인(정은 언니, 일명 고양이 정씨! 지금 내가 강아지를 키우는 데 있어 가장 큰 조력자이자 밤비와 부의 이모다)이 강아지를 키워보는 게 어떻겠냐고 제안을 했다. 한 번도 생각해보지 않았는데, 불쑥 "그래볼까?"라는 대답이 나왔다. 괜찮을 것 같았다. 어렸을 때부터 워낙 동물을 좋아하기도 했고, 혼자 사는 것보다는 덜 적적할 것 같다는 생각도 들었다.

지금 와서 생각해보면, 그때 나는 '온기'가 간절히 필요했던 것 같다. 사람들을 밀어내고 혼자만의 세상에 갇혀 있는 와중에도, 마음 한편에서는 누군가와 함께하길 바랐던 것이다. 그래서 한 번도 생각해보지 않은 강아지 입양을 큰 고민 없이 결심했던 건지도.

무작정 강아지를 알아보기 시작했다. 어떤 강아지들이 있는지 인터넷으로 찾아보는데, 하나같이 예쁘고 귀여워서 쉽게 마음을 정할 수가 없었다. 고민하고 있던 차에 정은 언니가 사진 한 장을 보여줬다. 사진 속 주인공은 포토그래퍼 태은 언니의 반려견 '춘이'. 웰시코기인 춘이를 보자마자 한눈에 반하고 말았다.

어찌 반하지 않을 수 있을까! 앙증맞은 짧은 다리와 동글동글 귀여운 몸 그리고 무엇보다 토실토실 매력적인 엉덩이를 보고도 말이다. 그날부터 당장 인터넷으로 웰시코기를 수소문했다.

'어디 가면 이렇게 예쁜 아이를 찾을 수 있을까.'

그러니까 그때의 나는 반려동물과 함께하는 생활에 대해 깊은 고민은 없었던 것이다. 그저 예쁘고 귀엽고 사랑스러운 강아지가 있으면 좋겠다 정도의 단순한 생각이 전부였다. 부끄럽지만 당시의 내게 강아지를 키우는 일은 '반려'의 개념보단 '감상'에 가까웠던 것도 같다. 예쁜 꽃이나 앙증맞은 인형을 보면 기분이 좋아지는 것처럼 귀여운 강아지를 보면 얼마나 행복할까, 라는 생각이었다고 할까.

그러다 웰시코기만 전문으로 분양하는 농장을 발견하게 되었고, 거기서 운명적으로 '밤비'를 만났다. 보통 웰시코기는 갈색과 흰색이 섞인 아이들이 많은데, 밤비는 갈색과 흰색 털 사이로 유난히 까만 털이 빛나던 아이였다. 첫눈에 반했다고 할까? 자고 있는 모습이 꼭 아기 천사 같았다. 보는 순간 '바로 이 아이야!' 라는 생각이 들었다. (밤비야, 너는 내 운명이었어♥)

그렇게 밤비는 나의 가족이 되었다. 그저 강아지 한 마리가 왔을 뿐인데, 집안의 공기가 묘하게 바뀌었다. 왠지 모르게 따뜻한 기운이 감도는 듯했다. 내가 관심을 쏟고 마음을 줄 대상이 있다는 사실만으로도 조금은 행복해졌다. 쌔근쌔근 잠든 밤비를 보는 것만으로도 입가에 미소가 감돌았다.

당시 나는 불면증에 시달려 매일 밤을 거의 뜬눈으로 지새우다시피 했다. 자려고 누우면 머릿속에 온갖 걱정과 근심이 몰려들었고, 그것들을 떨쳐내려 이리 뒤척, 저리 뒤척 하다 보면 어느새 동이 터올랐다. 그런데 밤비가 오고 나서 거짓말처럼 불면증이 사라졌다. 불빛도 소리도 없는 고요한 방에 '쿨쿨' 밤비의 작은 숨소리가 가만히 퍼지면, 마음이 편안해졌다. 지금 나는 혼자가 아니라는, 내 곁에 누군가 있다는 작은 위안이 참 큰 힘이 됐던 것 같다.

하지만 그때까진 상상도 하지 못했다. 이 작고 귀여운 아기 천사가 순식간에 악동으로 다시 태어날 줄은. 초보 엄마였던 나는 기본적인 검사를 위해 밤비를 병원에 데려갔는데, 수의사 선생님은 내게 일종의 선전포고(?)를 하셨다.

 "정말 웰시코기를 키우시게요?"

 "네, 왜요?"

 "키우기 힘드실 텐데. 웰시코기종은 원래 사냥개여서 엄청 활동적이고 고집이 세요~ 남자분들도 감당 못하던데."

 "아, 네. 괜찮아요."

 "다시 한번 생각해보시는 게……"

 그때까지는 정말 괜찮았다. 반려동물을 키우는 데에는 책임감과 인내 그리고 사랑이 필요하다는, 아니 막중하다는 사실을 그때는 몰랐으니까.

 막상 밤비를 키우고 나니 하나부터 열까지 신경쓸 일투성이고, 모든 것이 다 어렵기만 했다. 시작부터가 난관이었다. 밤비가 처음 우리 집에 온 날은 하루종일 낑낑거리며 울었다. 환경이 바뀌어서 그런 것인지, 어디가 아픈 것인지, 도통 알 방법이 없어 속이 탔다. 여기저기 전화를 걸어 물어보고, 인터넷에서 각종 정보들을 찾아봤지만 딱히 뾰족

상상도 못했다. 이 작고 귀여운
아기 천사가 순식간에 악동으로
다시 태어날 줄은.

한 수가 없었다. 아무것도 할 수 없다는 무력함, 속상한 마음에 눈물까지 났다. 내가 강아지에 대해 잘 몰라, 제대로 대처를 못한다는 생각이 드니 미안함에 더욱 마음이 아팠다.

'내가 너무 책임감 없이 데리고 왔나.'

이전까지는 한 번도 떠올리지 못했던 단어, '책임'이 그제야 머리를 스쳐지나갔다. 왜 진작 생각하지 못했을까. 누군가와 함께 사는 일에 책임이 따르는 건 지극히 당연한 일인데 말이다. 더욱이 보살핌이 필요한 존재와 함께 산다는 건 더더욱 막중한 책임과 의무가 필요한 일인데, 그걸 간과한 내 자신이 부끄럽고 창피했다.

처음 밤비를 데리고 올 때까지만 해도 '반려동물과 함께한다'는 의미를 정확히 이해하지 못했던 것 같다. '혼자 있는 것보다는 덜 외롭겠다, 같이 놀면 즐겁겠다'라고만 생각했지, 얼마나 많은 시간과 노력이 필요한지를 알지 못했다.

그런데 정작 키워보니 생각보다 많은 시간을 강아지에게 쏟아야 했다. 때마다 밥을 챙겨주는 것은 물론, 산책과 목욕도 시켜야 했다. 무엇보다 아직 작고 어린 강아지이기에 다치진 않을지 탈이 나진 않을지 일거수일투족을 챙기느라, 집을 벗어날 수 없었다. 내 생활의 일부를 포기해야 하는 순간이 많았던 것이다. 개인적인 시간이 줄어들어 친구도 거의 만나지 못했다. 그래도 밤비를 키우기 시작했을 때엔 다행히 일이 많지 않았던 시절이라 밤비에게만 신경을 쏟는 게 가능했다. 6개월 정도를 밤비에게만 정성을 쏟았다.

하지만 정작 가장 큰 문제는 따로 있었다. 사람 사이에는 언어로 소통이 가능하지만 반려견과는 말로 대화를 할 수 없기에 힘이 들었던 것이다. 강아지와 어떻게 소통해야 할지를 몰랐던 처음, 지금 내가 제대로 해주고 있는 건지, 실수하고 있는 건 아닌지 알 수 없어 답답했던 순간이 한두 번이 아니었다. 낑낑대는 이유가 기분이 안 좋아서인지 아파서인지 짐작조차 할 수 없어 애태우던 날들은 지금 떠올려도 참 갑갑한 기억이다.

밤비를 데리고 와서야 비로소 알았다. 반려견은 단순히 '키우는' 것이 아니라 함께 '살아가는' 존재라는 사실을, 함께 살아간다는 것은 제대로 소통하기 위해 끊임없이 노력해야 한다는 뜻임을, 그 모든 것에 밤비를 가족으로 맞이한 나의 '책임감'이 전제가 되어야 함을 말이다.

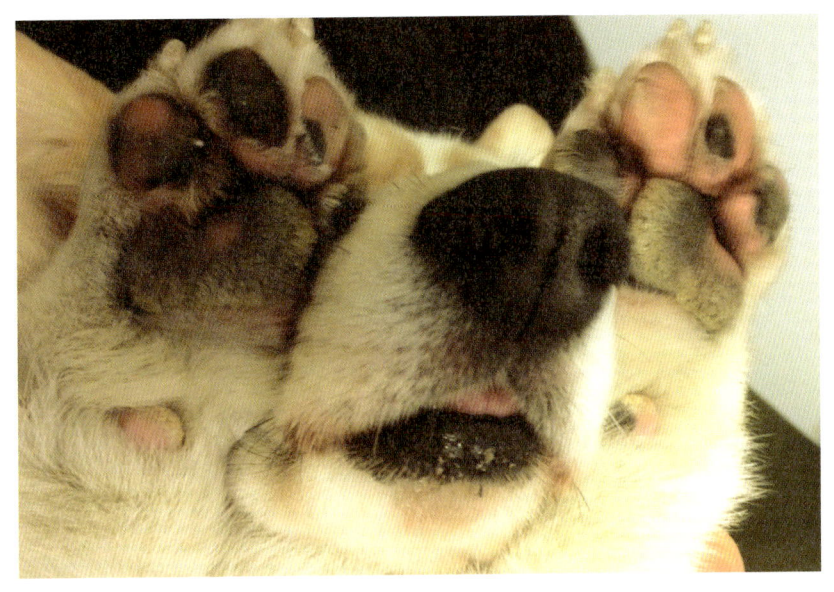

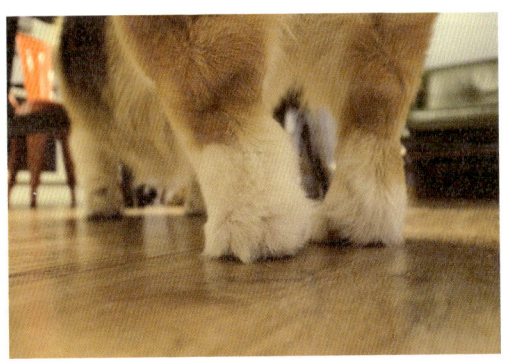

승아's
know-how

강아지를 키우기 전에
이것만은 꼭 생각해보자고요!

밤비를 처음 데려올 때 제대로 시행착오를 겪으면서 깨달은 사실 한 가지! 반려견을 키우는 것 자체에 대한 공부뿐만 아니라, 키우는 사람 스스로에 대해서도 공부와 준비가 필요하다는 사실이다. 그래서 정리해본 팁들!

내 몸상태 체크
나는 반려견과 함께 살기 시작하면서 호흡기질환이 심해졌다. 강아지 털에 알레르기가 있다는 사실을 모르다가, 밤비와 생활하면서 알게 된 것이다. 병원에서는 강아지를 키우지 말라고까지 했다. 내 모습을 본 엄마 역시 "네가 아프면서까지 강아지를 키울 필요가 있느냐?"고 하셨다. 하지만 밤비와 나는 이미 한 가족인데, 내가 그 아이로 인해 아프게 되었다고 해서 키우지 말라는 말은 너무 마음이 아팠다. 가족 중 누군가 감기에 걸렸고, 그 감기에 옮을 수 있다고 해서 함께 살 수 없다는 생각은 쉽게 하지 않을 텐데…… 반려동물을 가족으로 인정해주지 않는 주위의 시선 때문에 많이 속상했다. 다행히 약을 먹고 치료를 받으면서, 호흡기질환이 호전됐다.

흔히 강아지를 입양할 때, 강아지의 건강상태는 꼼꼼히 따지면서 자신의 몸상태는 간과하는 경우가 많다. 자신이 강아지를 키워도 괜찮은지, 함께 살았을 때 발병할 가능성은 없는지에 대한 고민이 부족한 것이다. 정말 건강하고 행복하게 반려견을 키우고 싶다면 다른 집 강아지나 임시 보호소의 강아지를 돌봐보는 식으로, 내가 강아지를 키울 수 있는지 또 내가 반려견을 키울 만한 성향에 맞는 사람인지를 알아보는 것도 좋은 방법이라 생각한다.

주변에서 조언 구하기

강아지를 입양하기 전에 주변의 강아지 전문가, 관련 커뮤니티 혹은 동물병원을 통해 자신이 키우려는 종에 대해 충분한 정보를 얻으라는 이야기도 꼭 하고 싶다. 내가 웰시코기를 키운다고 했을 때, '웰시코기는 지나치게 활동적'이라는 이유로 주변에서 말렸다. 가장 많이 들었던 말은 "혼자서 웰시코기를 키우게?"라는 질문이었다. 그도 그런 게 실제로 함께 살아보니 웰시코기는 원래 사냥개이기 때문에 밤비에게 20~30분 정도의 산책은 산책도 아니었다. 세 시간은 뛰어줘야 간신히 제대로 놀았구나 싶을 정도다. 직접 키워본 사람만이 아는 장단점에 대해 미리 파악하는 것도 필요한 과정인 것 같다.

장기적인 관점에서 계획하기

사실 강아지 입양 전에 고려해야 할 부분은 더 광범위하다. 나중에 결혼을 할 건지, 아이를 낳을 건지, 이사를 할 건지 등을 장기적으로 고려해봐야 한다. 아기들에게 강아지가 좋지 않다는 생각이 널리 퍼져 있어서 아이를 낳고 강아지를 버리는 경우도 있다. 또 유기견의 대부분이 이사 때 버려진다고 하는데, 나도 집을 구할 때 강아지를 키운다는 이유로 입주를 거부당한 경험이 있다. 이처럼 주인의 상황에 따라 다양한 변수가 발생할 수 있기 때문에 강아지를 입양하기 전에 꼭(!) '장기적인 관점'을 가지고 생각해봐야 할 것 같다. 단순히 지금 외로우니까, 그냥 키우고 싶으니까 같은 막연한 생각으로 입양했다가 나중에 문제가 생겼을 때 강아지를 외면하게 되는 최악의 상황은 미리 방지해야 하지 않을까.

재정상태 체크

또 한 가지! 강아지를 키울 때 생기는 '지출'에 대해서 미리 아는 것도 중요한 것 같다. 반려견을 키우게 되면 기본적으로 해줘야 하는 접종도 많고, 갑자기 강아지가 아픈 경우엔 생각보다 많은 지출이 생긴다. 강아지 보험이 있지만 아직은 보장범위가 넓지 않아서, 병원비는 상상초월일 때가 많다. 물론 돈 있는 사람만 반려동물을 키울 수 있다는 이야기는 절대 아니다. 하지만 예상치 못했던 비용 부담을 마주하고 강아지를 버리는 사람들이 존재하는 현실 때문에 재정상태에 대한 진지한 고민이 필요할 것 같다는 이야기를 하고 싶다. 강아지는 인형이 아니기에 밥도 먹고, 아프면 병원도 가고, 약도 먹는 것이 당연하다. 이런 일들엔 많든 적든 비용이 든다. 그러니 입양 전에 한 번쯤은 강아지를 키우는 재정적 부담을 감당할 수 있는지 생각해보는 게 어떨까.

조금만 고민해보면 경제적 부담을 최소화하면서 반려견을 키우는 일도 가능할 것 같다. 아기를 낳을 때, 가족이나 친척, 친구에게 아기용품을 물려받듯이, 주변 사람들에게 강아지용품을 물려받는 것도 하나의 방법. 아플 때 병원비가 드는 것은 어쩔 수 없는 일이겠지만, 사전에 여러 지식과 정보를 습득해, 미리 질병을 예방하면 병원비에 대한 부담도 조금은 덜 수 있을 것이다.

"예쁘다고 계획 없이 키우시면
안 돼요. 우린 세심한 보살핌이
필요하거든요. ^^"

너를 만나 행복해, 감사해, 사랑해

 Kim 원장님's Tip 01

나와 궁합이 맞는 강아지, 어떻게 알 수 있을까?

가까운 공원에 가면 사람과 함께 산책하는 강아지를 쉽게 볼 수 있다. 그런데 그 많은 강아지들 중에서 어떤 강아지가 나와 잘 맞을지를 알기란 어려운 일이다. 강아지의 성격은 견종에 따라 천차만별이기 때문. 또 같은 종이라도 강아지에 따라 성격이 다르다. 한 부모 밑에서 태어난 형제라도 외모나 성격이 다른 것처럼, 강아지도 마찬가지인 셈이다. 그럼 과연 어떤 강아지가 나와 잘 맞을까? 많은 보호자들의 선택을 받고 행복하게 살아가고 있는 견종들의 남다른 이유가 있다면, 그것은 바로 사람들과 어울려 지내는 생활에 적합하고 무난하기 때문이라고 할 수 있다. 만약 너무 활동량이 많거나 사납거나 관리에 많은 시간과 비용이 든다면, 아무래도 사람들과 더불어 살기는 어려울 것이다. 따라서 어떤 강아지를 택해야 할지 결정하기 힘들다면, 주변에서 쉽게 볼 수 있는 견종 중에 고민해보는 것이 하나의 방법이겠다.

① 무난한 게 최고! 일반적으로 사람들이 많이 키우는 강아지는?

- **몰티즈** (애교지수 ★★★★☆, 질투지수 ★★★★★)

이탈리아 출신의 소형견. 순백의 털과 까만 코가 매력적인 강아지. 질투가 심한 성격이지만, 활달하고 애교가 많아 사람들을 잘 따른다.

- **푸들** (똑똑지수 ★★★★★, 애교지수 ★★★★☆)

곱슬곱슬한 털이 특징. 크기에 따라 스탠더드・토이 등으로 나뉘는데, 우리나라에선 토이푸들이 특히 인기가 많다. 활동적인 데다가 똑똑해서 훈련을 받으면 대체로 잘 소화한다.

• **요크셔테리어** (외모지수 ★★★★☆, 충성지수 ★★★★☆)
길고 부드러운 털이 인상적. 주인에게 헌신적이라 위험이 닥쳤을 때 주저앉아 짖으며 주인을 보호한다. 작지만 옴팡진 유형이라고 할 수 있다.

• **시츄** (편애지수 ★★★★☆, 활동지수 ★★★☆☆)
커다란 눈이 매력 포인트. 약간의 백치미(?)도 흐른다. 활발하지만 주인 외의 사람은 잘 따르지 않아서 주인을 더욱 흡족하게 만드는 캐릭터. 사람의 마음을 잘 읽는 편이다.

• **포메라니안** (똑똑지수 ★★★★★, 소음지수 ★★★★☆)
풍성하고 몽실몽실한 털로 사랑받는 강아지. 사람의 말을 굉장히 잘 알아듣는 영특함을 발휘하지만, 많이 짖는 것으로도 유명하다.

• **치와와** (앙칼지수 ★★★★★, 애교지수 ★★★☆☆)
세계에서 가장 작은 개라는 타이틀의 소유자. 자존심이 강해서 자신의 성격을 적극적으로 드러낸다.

• **슈나우저** (활동지수 ★★★★★, 애교지수 ★★☆☆☆)
코와 수염 부분이 인상적인 강아지이다. 성격이 밝고 쾌활하며 주인의 말을 잘 따르는데, 그 정도가 다소 과해 일명 '지랄견'으로도 통한다.

✚ **주변에서 쉽게 볼 수 있고 많이 키우는 강아지 품종의 특징적 질병**
- 몰티즈, 토이푸들, 요크셔테리어, 치와와 같은 소형종은 슬개골탈구, 관절질환이 있다.
- 시츄, 슈나우저, 코카 스파니엘 등은 귀나 피부에 질환을 가질 수 있다.
- 포메라니안이나 퍼그, 페키니즈 등은 호흡기질환에 취약하다.
- 미니어처 닥스훈트, 웰시코기 등 허리가 긴 개는 추간판탈출이 생길 수 있다.
- 프렌치 불독 등 얼굴이 납작한 종은 호흡 곤란과 피부질환을 겪는 편이다.

② 깔끔한 게 좋아! 털이 잘 안 빠지는 강아지는?

• 몰티즈

연례행사로 벌어지는 털갈이는 난관이지만, 평상시엔 털이 잘 빠지지 않는다. 다만, 털이 엉키지 않도록 자주 빗겨야 한다.

• 푸들

기본적으로 털이 곱슬이기 때문에, 다른 견종에 비해 털 빠짐이 덜하다.

• 시츄

털이 길지만, 털 길이에 비해 털이 많이 빠지진 않는다.

반면 포메라니안, 치와와, 미니어처 핀셔(미니핀), 닥스훈트, 퍼그 등은 털이 많이 빠지는 품종. 털이 많이 빠지는 품종들은 아무래도 강아지 주변 청소나 미용을 좀더 자주 해주며 관리해줘야 한다.

③ 같이 노는 게 최고! 활달하고 애교 많은 강아지는?

• 코카 스파니엘 (활동지수 ★★★★★, 사냥지수 ★★★★★)
사냥개로 개량된 견종이지만, 사람에 대한 공격 성향은 적다. 비글, 슈나우저와 더불어 일명 '3대 지랄견' 중 하나로, 그만큼 성격이 활달하고 움직임이 크다.

- 웰시코기 (활동지수 ★★★★★, 귀염지수 ★★★★☆)

엄청난 운동량의 소유자. 아이들과도 금방 친해지기 때문에, 아이가 있는 가정에서 함께 살기 좋다.

- 래브라도 레트리버

  (똑똑지수 ★★★★☆, 충성지수 ★★★★★)

후각이 매우 뛰어나다. 똑똑하며 주인에 대한 충성심 또한 높다. 마약 탐지견, 시각 장애인 안내견 등으로 활약하는 견종.

강아지를 분양받을 때, 절대 놓치면 안 될 체크 포인트

① 신뢰할 수 있는 분양처를 찾을 것

반려견을 분양받는 방법은 여러 가지가 있다. 어떤 방법이 가장 좋다고 할 수는 없지만, 비용, 신뢰도 등을 따질 때 자신에게 가장 적합한 방법이 분명히 있다.

- 인터넷(가정 분양)

일반 가정에서 키우는 반려견이 새끼를 낳았지만 더 돌볼 수 없어서 분양하는 경우가 대부분. 하지만 개를 전문적으로 교배·판매하는 업자가 가정집을 가장한 사례도 있고, 웹에 올려 보여주었던 강아지와 다른 강아지(주로 몸이 아픈 아이)를 분양해주는 피해 사례도 종종 있다. 때문에 인터넷 분양을 통해 모르는 사람에게 분양받을 때엔 분양해주는 이와 분양받는 이가 함께 병원에 가서 검사를 받고, 계약서를 쓰는 것이 좋다.

- 지인

가장 추천하는 경로. 지인들의 강아지가 새끼를 낳았을 때 분양받으면 일단 믿을 수 있는 채널이라는 장점과 이후에도 여러 조언과 문의가 가능하다는 장점이 있다. 물론 강아지종을 선택하는 데에는 제한적일 수 있지만 건강하게 아이들을 키우자는 믿음과 약속이 바탕이 된 관계이기 때문에, 추천.

- 동물병원, 애견전문숍

병원에서 분양받아도 100퍼센트 건강한 아이는 아닐 수도 있다는 점을 염두에 둬야 한다. 그러나 병원에서 분양받으면 이후에 치료도 수월하게 받을 수 있고 병원 측에서 책임도 분명하게 질 수 있기에, 첫 분양을 받는 사람이라면 병원에서 분양받는 것도 좋은 방법이다.

- **애견 농장, 유기견 보호소**

대형견이나 특수견, 혹은 흔하지 않은 희귀종의 경우는 농장에서 분양을 하는 경우가 종종 있다. 분양자와 입양자가 직접 만나서 강아지를 확인할 수 있는 장점이 있지만, 대부분 서울 근교나 지방에 위치하고 있기 때문에 찾아가는 데에 불편함을 겪을 수도 있다. 유기견 보호소에서 입양하는 경우, 우리가 흔히 기대하는 작고 귀여운 어린 강아지들을 찾기는 어렵지만, 아픈 사연이 있는 유기견들을 입양할 수 있기에 훨씬 더 뜻 깊고 의미 있는 입양이 될 수 있다.

- **대형마트**

최근 몇몇 대형마트는 강아지 유치원이나 호텔, 분양하는 곳, 미용·병원시설을 갖추고 있다. 이미 예전부터 물고기, 새 등 다양한 동물들을 팔아왔기에, 믿고 동물을 분양받을 수 있다. 하지만 '마트 안에서 물건처럼 동물을 파는 것 자체가 동물에게 스트레스를 주는 행위다'라며 반대하는 입장도 있다는 점은 알아둘 필요가 있겠다.

② 반드시 실물을 확인할 것

인터넷상의 사진만 보고 분양 신청을 하면, 병이 있거나 사진과 다른 강아지를 분양받을 수도 있으니 번거롭더라도 꼭 실물을 확인해야 한다.

③ 분양하는 이와 받는 이가 함께 병원에 가서 검사를 받을 것

까다롭게 구는 게 아닌가 싶어 눈치가 보이거나 수고스럽더라도, 서로가 동물을 아끼고 책임진다는 마음으로 반드시 거쳐야 할 절차다. 분양하는 이가 비용을 부담스러워한다면 '비용은 제가 낼 테니 같이 갑시다'라는 식으로 적절한 합의 지점을 찾아야겠다.

④ '정당한 권리'의 하나로 꼭 계약서를 작성할 것

지인끼리는 계약서 없이 분양하는 경우가 많다지만, 지인이 아니거나 그야말로 금전적으로 강아지를 사고파는 경우라면, 계약서를 꼭 써야 한다. 작성시에는 피해 보장기간, 보장 질병범위, 지원 가능 금액 등을 확인해야 한다. 분양 후 기간에 따라 보장받는 범위가 다르기 때문에 계약서를 받으면 법정규정이 어떤지 꼭 살펴볼 필요도 있다. 계약

서를 쓸 때 병원에서 함께 오늘부터 일주일이 언제인지 기한을 확실하게 보장을 받고 돌아오는 것이 좋다. 분양 계약서는 '당신과 내가 우리 강아지에 대한 책임을 확실하게 지자'는 약속과 같다. 처음에 분양만 잘 받아도 훨씬 건강하고 즐겁게 반려견과 살아갈 수 있다는 사실을 잊지 말자.

애견 분양 계약서 샘플

애견 분양 계약서

애견 분양인 OOO(이하 '갑'이라 함)과 입양인 OOO(이하 '을'이라 함)은 다음과 같이 애견 분양을 계약한다.

– 다음 –
'갑'과 '을'은 아래의 내용으로 거래를 하며, '갑'이 '을'에게 제공하는 견종과 계약서의 내용은 반드시 일치해야 한다.

1 : 견종	2 : 성별 암 / 수
3 : 생년월일	4 : 예방접종 유무 유( ) 무( )
5 : 건강상태	6 : 인도일
7 : 분양가	8 : 기타내용

첨부된 소비자 피해 보상규정을 준수할 것을 서약하며,
상기의 기입한 내용은 사실과 다름이 없음을 확인합니다.

계약의 확증으로서 본 계약서 원본 2통을 분양인이 작성하여
당사자 기명 날인 후 각자 1통씩 보관한다.

분 양 인 :   연락처 (집, 사무실) :
주민번호 :   연락처 (핸드폰) :
주   소 :

입 양 인 :   연락처 (집, 사무실) :
주민번호 :   연락처 (핸드폰) :
주   소 :

첨부 _ 소비자 피해 보상규정

소비자 피해 보상규정

구분	피해유형	보상기준
애완견 판매업	판매 후 1일 이내 질병 발생 또는 3일 이내 폐사	동종의 애완견으로 교환 또는 구입가 환급(단, 소비자의 관리 잘못에 의한 경우는 제외)
	판매 후 14일 이내 폐사 (1)사인이 불분명한 경우	소비자가 구입가의 50퍼센트를 부담하여 동종의 애완견 교환(단, 판매자가 질병 발생시 즉시 통보해줄 것을 고지하였으나, 소비자가 이를 태만히 한 경우나 소비자의 중대한 관리 잘못에 의한 경우는 제외)
	(2)명백한 소비자 또는 판매자의 귀책사유로 인한 경우	소비자의 귀책사유인 경우에는 보상 제외. 판매자의 귀책사유인 경우에는 동종의 애완견으로 교환 또는 구입가 환급
	판매 후 14일 이내 질병 발생	판매업소 책임하에 회복시켜 소비자에게 인도(다만, 판매업소 관리중 판매일로부터 3일 이내 폐사시에는 동종의 애완견으로 교환 또는 구입가 환급하고, 4일 이후에 폐사하는 경우에는 그 원인에 따라 (2)의 보상 기준에 준하여 보상)

*동종의 애완견이 없어 교환이 불가능한 경우에는 환급

강아지의 건강상태, 육안으로 간단히 살펴보는 방법

① 머리
먼저 손으로 살며시 머리를 쓰다듬어본다. 앞머리 쪽에 천공이라 불리는 구멍을 확인할 수 있다. 소형견의 경우 종종 천공이 열려 있는 경우가 있지만 성장해감에 따라 서서히 닫히게 된다. 그동안은 그 부위에 충격을 주지 않도록 주의 필요!

② 눈
검은 눈동자는 또렷한가, 흰자위는 충혈 등이 없고 깨끗한가를 살펴본다. 또한 눈곱이나 눈물은 없는지 확인해야 한다.

③ 코
엄지와 검지로 살며시 코를 양쪽에서 눌러본다. 콧물이 나오지는 않는지 코 주변에 분비물은 묻어 있지 않은지 살펴보자.

④ 입
입 주변에 구토한 흔적이나 침이 많이 묻어 있지는 않은지 살펴본다. 그 후에는 입을 살며시 열어서 치아 발육상태를 확인해보자.

⑤ 귀
귀 안쪽의 색깔은 예쁜 선분홍빛이 정상. 혹시 빨갛게 부어 있거나 검은 분비물 등은 없는지를 살펴보자. 혹은 귀 끝을 살짝 손가락으로 문질러보았을 때 뒷다리를 떨면서 마치 가려워서 긁으려는 것처럼 행동하는지를 봐야 한다. 간혹 어린 강아지들 중에는 귀 진드기에 감염된 아기들이 있는데, 이런 방법으로 확인해 치료를 진행할 수 있다.

⑥ 털과 피부상태
털은 푸석푸석하거나 너무 기름지지는 않은지, 알맞게 윤기 나며 빛나고 부드러운지를 확인해보자. 또한 털 사이의 피부를 잘 들여다봐 건조하거나 각질이 있는 등의 피부 이상은 없는가 살펴야 한다. 강아지를 살짝 뒤집어 배를 보이게 눕힌 후 아랫배나 뒷다리 안쪽 등의 피부는 이상 없이 건강한지도 체크 필요!

⑦ 항문
항문 주변에 배변물이 묻어 있거나 항문이 빨갛게 부어 있는 등의 이상은 없는가를 확인한다. 만약 아이가 반복적인 설사를 자주 한다면 항문 주변 털이 더럽거나 항문이 자극받아 있음을 확인할 수 있다.

힘들다 힘들어,
좌충우돌 우당탕탕
초보 '개엄마' 도전기

강아지를 키우는 사람이라면 누구나 공감할 것이다. 처음 강아지를 키우기 시작했을 때의 설렘과 초조함, 기쁨과 행복 그리고 걱정…… 한동안은 아예 집에서 나가지 않거나, 설사 일이 있어 나오더라도 한시라도 빨리 집에 돌아가고픈 마음에 발을 동동 구르게 된다. 머릿속에 '집! 집! 집!'이라는 생각이 좀처럼 떠나지 않는다. 강아지를 보고 싶고 궁금한 마음에 마치 집에 꿀단지를 숨겨놓은 사람처럼 일을 마치자마자 쏜살같이 집으로 달려가는 모습은, 강아지를 키우지 않는 사람은 절대 이해할 수 없는 것이다.

  나도 그랬다. 일을 하러가도 밤비 생각, 집에 있어도 밤비 생각…… 온통 밤비 걱정뿐이었다. 자연스레 늘 밤비와 함께하게 되었는데, 지금 글을 쓰고 있는 이 순간에도 밤비는 나를 보며 웃고 있다. 자신에 대해 잘 써달라는 듯한 아부의 미소를 마구마구 날린다!(ㅋㅋ귀여운 것~ 알았어. 잘 써줄게.)

사실 강아지를 키울 때 가장 고민되는 부분이 '집에 남겨진 강아지'에 대한 미안함이다. 많은 강아지들이 주인이 없는 시간에 느끼는 외로움과 공포 때문에 스트레스를 받는다고 한다. 주인이 집을 비우면 신발을 물어뜯고 휴지통을 뒤지는 등, 문제를 일으키는 개들이 있는데 그게 외로움에서 나온 행동이라는 것이다. 우리에겐 '좋은 친구'가 되는 반려견들에게 우리는 과연 좋은 친구인지 고민되는 지점이다. 나 역시 하루종일 집에 있을 수는 없었기 때문에 혼자 집에 있는 밤비에게 미안한 마음이 들었다. 그래서 밤비가 집에 온 지 6개월이 지났을 즈음 부를 입양하게 됐다.

부는 밤비가 다니던 동물병원에서 분양중인 닥스훈트였다. 남매 중 막내로 태어나서 유난히 작고 힘없던 아이. 그 무렵 밤비는 예방접종 때문에 자주 병원에 갔는데, 그때마다 분양이 되지 않아 혼자 남아 있는 부가 눈에 띄었다. 밤비를 키우는 것으로도 벅찼던 내가 두 마리를 잘 키울 수 있을까? 걱정과 근심이 앞섰지만 무슨 자신감이었을까. 결국 부를 집으로 데려왔다.

지금 생각해보면 부를 볼 때마다 묘하게 이끌렸던 것 같다. 윤기 흐

"엄마, 너희때문에 정말 피곤하다.ㅠㅠ 그래도 너희와 계속 함께하고 싶어.♥"

르는 까만 털, 앙증맞은 숏다리…… 밤비와 다른 듯하면서도 닮은 그 모습에 마음이 갔다. 그렇게 두 식구는 세 식구가 되었다.

　주위의 많은 아기 엄마들이 첫째를 키워봤으니 둘째는 편할 줄 알았는데, 둘째는 둘째 나름대로 힘들다는 이야기를 많이 한다. 아이를 낳아 기르는 것과 강아지를 분양받아 키우는 건 차원이 다른 문제이겠지만, 어쨌든 나도 부를 데려올 당시엔 그래도 밤비를 키워본 짧은 경험이 있으니 조금은 쉽겠다는 생각이 있었다.
　물론, 착각에 불과했지만!
　정말 하루하루가 전쟁의 연속이었다. 밤비가 짖으면 부가 따라 짖고, 한 마리를 진정시키면 다른 한 마리가 날뛰고(ㅠㅠ). 더욱이 밤비와 부는 종류도 다르고, 외모도 다르고, 성격도 달라서, 각각에 맞는 보살핌과 대처가 필요했다. (정말 너희 때문에, 엄마 힘들었다고!) 하나의 가족이 되기 위한 과정은 험난하기만 했는데, 무엇보다 나의 정보 부족 때문에 그 길이 더욱 울퉁불퉁하기만 했다. 예를 들면 아이들을 위해 구입한 물품부터 실수 연발이었다.
　솔직히 나는 밤비가 이렇게 커질지 몰랐고, 부가 이렇게 계속 작을지 몰랐다. 몸집이 산처럼 커진 밤비는 일찍이 사주었던 자기 집을 처음에 잠깐 사용한 것 빼고는, 전혀 쓰지 못했다. 사실 시원한 곳을 좋아하는 밤비는 이전부터 자기 집보다는 화장실 옆이나 현관에서 잠을 자곤 했지만. 진작 알았더라면 괜히 자리만 차지하고 게다가 비싸기까지(!) 한 집을 사진 않았을 텐데 말이다. 반면 부는 어딘가에 파묻히는 걸 좋아해서 지붕이 있는 자기 집을 좋아한다. 집에 쏙 들어가 눈만 빼꼼 내놓고 자는 모습이 얼마나 귀여운지!

옷이나 신발의 필요와 사용에서도 밤비와 부는 상황이 달랐다. 털이 빽빽하게 자라는 웰시코기인 밤비는 더위를 많이 타서 겨울에도 옷을 입을 필요가 없었다. 반면 털이 짧은 닥스훈트인 부는 추위를 많이 타서 가을과 겨울에는 무조건 옷을 입어야 했다. 그것도 모르고, 처음엔 둘이 세트로 입힌다면서 밤비와 부의 옷을 모두 구입한 바람에 쓸데없는 지출만 하고 말았다. 아이고~

누군가와 함께 걷기 위해선 많은 정보가 필요하다. 상대의 걸음 속도를 알아야 보폭을 맞출 수 있고, 그가 오르막을 힘들어하는지 내리막을 어려워하는지를 알아야 배려할 수 있다. 강아지와 함께 사는 일도 다르지 않다. 한 가족으로 지내기 위해선 강아지마다의 성향과 특징을 파악하고, 그에 맞게 보살펴야 한다. 밤비, 부와 지낸 초기의 좌충우돌은 모두 정보 부족이 원인이었던 셈이다. (엄마가 공부를 제대로 안 했어. 애들아, 미안ㅠㅠ)

식사 패턴이나 양도 밤비와 부는 확연히 달랐다. 밤비는 보통 웰시코기보다 몸집이 큰 편이라 체중이 조금만 늘어도 금세 비만이 된다. 사료를 종이컵 하나만큼씩 줬는데, 병원에서는 그것도 양이 많다고 해서 종이컵 하나를 여러 번에 나눠서 주는 식으로 바꿨다. 부 같은 경우는 하루에 몰아서 한 끼를 먹으면 공복 기간이 길어지기 때문에 구토를 한다. 그래서 하루 동안 먹을 양을 두 번으로 나누어서 준다.

　부는 식탐이 없는 편인 데 비해 밤비는 식탐이 많아서 다른 강아지, 사람들이 먹는 모습을 보면 자기도 먹고 싶어서 거의 혼이 나간다. '깽깽' '잉잉' 옆에서 어찌나 안달하는지, 조금 먹여줄까 싶다가 이내 마음을 다잡는다. 그건 밤비를 위한 일이 아니라는 걸 알기 때문이다. 키우는 사람에 따라 다르겠지만 어느 정도의 상한선을 정해두고 사료나 간식을 주는 것이 좋다. 예쁘다고 마냥 음식을 주면 우리 반려견들의 건강을 더 해치는 일이 될지도 모른다.

　사료를 살 때에도 강아지에 맞게 고르는 것이 중요하다. 강아지마다 입맛도 다르고 체질도 달라서, 적합한 사료가 따로 있기 때문이다. 샘플 사료를 미리 먹여보고 사는 것도 좋다. 사료는 뜯고 나면 교환이 안 될 뿐더러 요즘은 사료도 맛이 다양해서 강아지들이 특정 맛의 사료는 안 먹는 경우도 있기 때문이다. 밤비는 사료 중 하나가 몸에 맞지 않아서 설사를 한 적이 있다. 마트에서 대량 구매하는 게 저렴하지만 조금

비싸더라도 병원에서 강아지의 체질에 맞게 추천받은 사료를 구입하는 방법도 좋겠다. 부의 몸집은 작고 밤비의 몸집은 크기 때문에 사료의 크기도 강아지에 맞게 골라주어야 했다. 밤비에게 스몰 바이트Small bite를 주면 알이 작아서 제대로 씹지 않고 삼켜버리고, 반대로 부에게 라지바이트Large bite를 주면 씹기 힘들어한다.

물통의 경우도 처음엔 똑같이 핥아 마시는 물통을 샀는데, 어느 날 검진차 병원에 갔을 때 수의사 선생님께서 물으셨다.

"설마 밤비와 부 모두 핥아 먹는 물통 하나로 물을 먹이세요?"

"네. 그런데요. 그럼 안 되나요?"

선생님께서는 부보다 몸집이 크고 활동량이 많은 밤비는 핥아야 물이 조금씩 나오는 방식의 물통으로는 갈증 해소가 되지 않았을 것이라는 설명을 덧붙여주셨다. 그날 이후론 밤비가 물을 충분히 마실 수 있게 큰 접시로 물통을 바꾸었다.

이처럼 아기 때부터 밤비와 부를 겪어보니, 강아지 분양 전에 무턱대고 물건을 미리 사는 것보다는 아이가 커가는 과정과 성향을 보고 사는 편이 좋다고 느꼈다. 지출도 줄이고 강아지 성향에 꼭 맞는 물건을 줄 수 있으니 일석이조!

가끔 밤비가 미운 짓을 할 때는 '너 자꾸 그러면 엄마가 너 버릴 거야' 하고 못된 말을 하며 혼내기도 하지만, 세상에 절대 '버림받을 만한' 강아지나 '맞을 만한' 강아지는 없다고 생각한다. 강아지가 말썽을 피우는 것처럼 보이는 상황도 어쩌면 우리가 강아지마다의 성향을 제대로 알지 못했기 때문이 아닐까. 원래 잘 짖는 성향의 개를 입양해 놓고 "너, 왜 이렇게 시끄럽게 짖어? 혼날래?"라고 나무란다면, 강아지 입장에서는 정말 억울한 일일 것 같다. 그건 목소리가 본래 큰 사람에게 "말이 참 많으신 것 같아요. 목소리가 커서 그런가?"라며 면박을 주는 일과 마찬가지가 아닐까.

내 강아지의 밥은 내가 책임진다!
내 강아지를 위한 웰빙 레시피

밤비와 부가 아플 때는 직접 영양죽을 만들어주곤 한다. 몸이 약해진 반려견들에게 좋은 영양제를 줄 수도 있겠지만, 주인이 정성껏 직접 만든 음식을 먹는다면 더 행복하고 튼튼하게 생활할 수 있지 않을까 하는 믿음 때문이다. 사랑하는 밤비와 부를 위한 영양 닭죽 만드는 법 공개~!

재료 : 닭가슴살, 브로콜리, 당근

❶ 닭을 깨끗하게 손질한다.

❷ 물을 끓이고 가슴살이 다 익을 때까지 푹 삶는다.

❸ 익힌 닭은 체에 걸러 물기를 제거한 후 가늘게 찢어서 식힌다.
  (덩어리가 크면 그냥 삼켜 소화가 안 될 수 있어요!)

❹ 냄비에 남은 닭 육수에 작게 자른 브로콜리와
  정사각형 모양으로 썬 당근을 넣고 푹 익힌다.

❺ 마지막으로 미리 찢어놓은 가슴살을 넣고 섞어준다.

⑥ 아이들이 먹기에 너무 뜨겁지 않게끔 식혀준다.

간식 또한 시중에서 판매하는 인공적인 간식 대신 자연 재료로 직접 간식을 준비해주려 노력하고 있다. 주로 과일 말린 것을 준다.

❶ 강아지들이 먹을 수 있는 과일인지 체크한다! (저는 사과랑 배를 이용해요.)
❷ 사과 또는 배를 껍질 째 깨끗하게 씻는다.
❸ 씨를 제거하고 적절한 크기로 슬라이스한다.
❹ 건조기에 넣어서 말린다.
❺ 지퍼백에 넣어두었다가 하나씩 준다. (이렇게 주면 아주 좋아해요.^^)

 Kim 편집님's Tip : 04

강아지 입양 후 체크해야할 사항들

① 간단한 용품들 구매
• 편하게 쉴 수 있는 부드러운 천 소재의 집

강아지는 따뜻하고 푹신한 침구에서 쉬고 자는 것을 좋아한다. 바닥은 가죽으로 되어 있어 보온이 잘되고 그 위로 푹신한 방석이 들어가 있는, 약간의 턱이 있고 사방이 뚫려 있는 것이 좋다. 지붕이 있고 삼면이 막혀 있는 모양의 집은 보호자가 강아지의 행방을 파악하기 어려울 수 있다.

• 강아지용 밥그릇, 물그릇

강아지에게 깨끗한 물과 사료를 준비해주는 것이 가장 중요하다. 밥그릇과 물그릇은 자주 씻어서 깨끗한 상태로 유지해주어야 한다. 재질은 녹이 슬지 않는 스테인리스나 세라믹이 좋고, 강아지가 물어서 끌고 다니는 장난감으로 생각하지 않도록 일정 정도 무게가 나가는 것이 좋다.

• 목욕을 위한 샴푸, 린스, 빗 등

털을 손질하는 시간은 강아지와 보호자가 서로 즐겁게 교감할 수 있는 소중한 시간이다. 강아지의 품종에 따라 털 손질에 드는 시간과 비용이 천차만별이다. 빗의 종류는 단모종/장모종/강모종/견모종 등에 따라 선택할 수 있다. 엉킨 털을 풀고, 곱게 펼 수 있는 브러시 Brush는 촘촘하고 끝에 볼처리가 되어 있어서 날카롭지 않은 것으로 준비한다. 가지런하게 털을 정리하는 기다란 빗 Comb도 유용하다.

샴푸는 견종에 따라, 털 색깔에 따라, 피부 민감도에 따라, 개의 나이에 따라 구별해서 준비해야 한다. 보습기능을 하는 린스는 샴푸와 한 번에 쓰는 투인원 Two in one 제품이 사용에 편리하겠지만 효과가 떨어질 수 있으므로 되도록이면 샴푸와 구별해서 사용하는 것을 추천한다.

• **식사로 제공할 사료**

끼니로 챙겨줄 사료 준비도 필수! 어떤 사료를 어떻게 먹일지에 대한 자세한 설명은 다음 팁에 모아두었다.

그 외 목줄, 간식, 장난감, 펜스 등은 강아지의 성향을 파악한 뒤, 발달과정에 맞춰 추후에 구입하는 편이 좋다.

② 동물병원에서 건강상태 확인
- 전염성 질병이나 진드기 등에 의한 귀 질병, 피부병 등은 없는가?
- 아무 문제 없이 건강한 강아지라면 기초 접종을 시작(보통 6주령에서 8주령일 때 1차 접종을 시작하여 2주 간격으로 5차 접종)
- 유치가 다 빠지고 영구치가 잘 나오는지 확인
- 발치 시술 및 중성화수술을 계획

③ 성장상태 꾸준히 관찰

강아지들의 성장기인 생후 10개월까지 밥을 잘 먹는지, 체중은 어떤지, 성장상태가 어떠한지 꾸준히 관찰해야 한다.

④ 심장사상충 구충

성견이 된 후에도 한 달에 한 번 심장사상충 구충을 꾸준히 해야 한다.

어떤 사료를 어떻게 먹이는 게 좋을까?

① 사료 선택방법

지나치게 값이 저렴한 사료는 식용으로 부적합한 원료가 들어 있을 수 있기 때문에 의심해볼 필요가 있다. 사료에 표기된 유통기한, 성분, 원재료, 영양성분, 원산국 등을 꼭 확인해야 한다. 사료의 종류가 많지만 '종합 영양식'이라고 표시된 사료를 기본 사료로 선택하고, 그 외 영양 보완, 식욕 증진 등을 위한 보조 사료는 목적에 맞게 쓰면 된다.

② 사료의 종류

• 일반적인 사료의 등급
① 보통 사료 : 저등급 혹은 마트용 사료로 부르기도 한다. 부산물이나 육분, 골분 등을 주원료로 사용하여 가격은 저렴하지만 기능성은 떨어지고 부작용의 가능성은 높다.
② 프리미엄 사료 : 말은 프리미엄이지만 이 역시 그리 높은 등급의 사료는 아니다. 부산물을 주원료로 하는 사료이고 기호성을 높이기 위해 인공첨가물을 사용하기도 한다.
③ 슈퍼 프리미엄 사료 : 부산물, 육분, 육골분 등을 사용하지 않고 육류 함량이 곡물보다 높다. 옥수수, 콩, 밀과 같이 알레르기를 유발할 수 있는 곡류의 사용을 줄인 사료.
④ 홀리스틱 : 가공하지 않은 곡물을 사용하며 슈퍼 프리미엄 사료처럼 알레르기성 원료를 사용하지 않고 방부제, 살충제, 항생제, 환경호르몬 등을 사용하지 않는 사료.
⑤ 오가닉(유기농) : 합성비료, 농약, 항생제, 유전자 조작 식물GMO 등을 사용하지 않는 사료.

• 나이에 따른 분류
① Baby&Starter : 임신한 모견과 신생견이 함께 먹는 사료.

② Junior : 이유 후 10개월령까지 성장기에 먹는 사료.
③ Adult : 일반 성견의 나이에 먹는 사료.
④ Senior : 보통 8세 이후의 노령견에게 먹이는 사료.

• 크기에 따른 분류
① 스몰 바이트 : 알갱이의 크기가 작은 사료. 어린 강아지와 소형견에게 적합
② 라지 바이트 : 알갱이의 크기가 상대적으로 큰 사료. 중·대형견에게 적합. 작은 견종이라도 작은 알갱이를 씹지 않고 급하게 먹는다면 천천히 씹어 먹게끔 라지 바이트를 선택하는 것도 가능하다.

이밖에도 품종이나 털의 특징에 따라, 중성화수술 여부에 따라 먹는 사료도 구별되어 있다. 저알레르기성 사료(곡물이나 특정 육류, 해산물 등의 구성을 배제한 사료)나 수의사의 처방이 있어야만 동물병원에서만 구입이 가능한 처방식 사료도 있다. 처방식 사료 역시 기능이나 브랜드에 따라 종류가 매우 다양하다.

③ 강아지 연령별 식사법

생후 1년 이하	보통 하루 3~4회로 소량씩 나누어 주는 것이 좋다. 생후 2개월 미만인 경우에는 딱딱한 사료를 씹기 어렵고, 채 씹지 않고 삼켜서 구토하는 경우가 있으니 물에 불려서 주도록 하자.
생후 1~7년	하루에 두 번씩 나누어 주면 되지만, 소화 능력이 떨어지는 경우에는 하루에 먹어야 하는 사료를 3~5번으로 나누어 주는 것이 좋다.
생후 7년 이상	하루 1회가 적당하다.

＊ 연령에 상관없이 사료는 식사시간 동안만 주고, 식사시간이 지나면 바로 치워야 한다.
  그래야 강아지가 규칙적으로 식사하는 습관을 가질 수 있다.

④ 사료를 바꿀 때

사료를 바꿀 때는 갑자기 바꾸기보다는 예전에 먹던 사료와 새로운 사료를 섞어서 주는 게 좋다. 새 사료의 비율을 조금씩 늘려가며 강아지가 적응할 수 있게 하자.

사랑하는 반려견, 동물등록제로 지킵시다!

체계적이고 안전한 동물 관리를 위해 고안된 방법이 '동물등록제'이다. 사람들에게 주민등록번호가 있듯 강아지들도 각자의 고유등록번호를 받아서 강아지의 정보와 보호자의 정보를 손쉽게 확인하고 관리할 수 있는 방법. 2013년 1월 1일부터 개를 소유한 사람은 시·군·구청에 반드시 등록을 해야 한다. (단, 인구 10만 이하의 시군은 제외이며 등록하지 않을 경우 40만 원 이하의 과태료가 부과된다.)

등록지역 : 전국(인구 10만 이하 시군 및 도서·오지·벽지는 제외)
등록대상 : 3개월령 이상의 개

등록은 가까운 동물병원에서 할 수 있는데, 병원이 구청, 동사무소의 동물등록 시술과 신고를 대행하고 있다. 동물등록은 내장형 마이크로칩·외장형 전자태그·등록번호 인식표 세 가지 방법이 있는데, 각각의 장단점이 있다.

① 내장형 마이크로칩(수수료 2만 원)
한 번 삽입하게 되면 분실 위험 없이 영구적으로 등록번호를 확인할 수 있다. 규격 상품이 있기에 등록해두면 미국, 유럽 어디를 가도 리더기로 강아지에 대한 정보를 읽을 수 있다.

② 외장형 전자태그(수수료 1만5천 원)
정보는 내장형 칩처럼 쉽게 확인이 가능하고 전자태그의 물리적인 손상이 없으면 반영구적으로 사용이 가능하지만, 외출시에 잊지 않고 착용해야 하는 불편함이 있다.

③ 등록번호 인식표(수수료 1만 원)

목걸이와 같은 줄에 등록번호를 표시한 표찰을 항상 착용해야 하고 분실의 위험이 있다. 가끔 보호자분들께서 내장형 마이크로칩 삽입의 안전성을 걱정하는데, 실제적으로 위험성이 발생하거나 확인된 적은 내가 아는 선에서는 한 번도 없었다. 또 강아지들이 많이 아파할까 걱정하는 보호자분들도 있는데, 칩은 기다란 쌀 한 톨만큼 작은 크기이고 칩 삽입은 주사 맞는 것처럼 간단한 과정이다. 강아지들은 통증을 느끼는 통감세포가 사람의 1/6 정도밖에 없다. 거친 돌바닥 등의 환경에 적응하며 야생에서 살아남아야 하는 동물로서는 당연한 일. 물론 맞는 순간엔 따끔하겠지만 견딜 만할 테니 너무 걱정하지 않아도 된다. (저희 집 강아지도 내장형으로 했답니다. ^^)

우리나라의 반려동물 문화와 인프라의 수준이 높아진 만큼 반려동물 보호자들의 실천도 필요하다. 그 첫걸음이 바로 동물등록이며, 동물등록은 내 강아지의 권리이자 의무라는 사실을 잊지 말자!

너의 온기가
얼어붙은 내 마음을 녹여줘

"왈왈."

나의 아침은 밤비와 부가 짖는 소리로 시작된다. 해가 뜨면 아이들은 침대를 이리저리 돌면서 나를 깨운다. 자기들만의 방식으로 아침 인사를 전하고, 나의 손길을 원한다. 교감을 나누는 것이다. 그 시간이 얼마나 행복한지, 얼마나 감사한지…… 그 따스함은 하루하루를 보다 열심히 살게 하는 원동력이 된다. 마음을 나눌 대상이 있다는 사실은 불현듯 밀려오는 쓸쓸함을 가만히 다독여준다. 물론 피곤할 때는 좀더 자고픈 마음에, 어김없이 짖어대는 두 녀석이 원망스러울 때도 있다.

"아~~~ 제발, 엄마 좀만 더 자자. 응? 응?"

이런 내 마음을 아는지 모르는지, 그저 꼬리를 흔들며 인사하는 아이들의 모습을 보면 순간의 짜증도 금방 사라지고 만다. 이렇게 아침의 식(?)이 끝나면 배가 고픈지 밥을 달라고 애교를 부린다. 같이 식사를 한 뒤 소파에 나란히 앉아 텔레비전을 보기도 하고, 함께 누워 낮잠을 자기도 한다. 좁디좁은 2인용 소파에서 밤비와 부, 나, 셋이 서로를 안고서. (엄마는 이 시간이 가장 행복해♥)

책을 내기로 결심한 가장 큰 이유는 반려견은 단순한 '애완동물'이 아닌 '가족'이라는 사실을 알리고 싶어서였다. 가족이란 어떤 존재일까. 그 정의는 사람에 따라 상황에 따라 다르겠지만, 나는 '마음을 나누는 대상'이라고 생각한다.

누구나 가족 앞에서만 보여주는 '민낯'이 있을 것이다. 밖에선 좀처럼 드러내지 못했던 감정이나 기분도 가족 앞에서는 편하게 표현하게 된다. 그래서 짜증을 내기도 하고 화를 낼 때도 많지만, 그만큼 편하고 의지할 수 있는 대상이 바로 가족이 아닐까. 그런 의미에서 보자면 밤비와 부는 내게 정말 소중한 가족이다. 사람들 앞에서 꾹 참았던 눈물도 아이들 앞에서는 편하게 흘릴 수 있다. 차마 하지 못했던 푸념들도 밤비와 부에겐 시시콜콜 늘어놓는다. 이 아이들이 없었다면, 내게 이토록 솔직하게 내 모습을 부끄러움 없이 보여줄 수 있는 대상이 있었을까…….

밤비와 부는 항상 내 눈을 응시하고 내 말에 귀를 기울인다. 내가 무슨 행동을 하든 거기에 일일이 반응한다. 일하러 나가는 나를 향해 금방이라도 눈물이 떨어질 것 같은 눈망울로 서운함을 표현하고(가끔은 서운함을 드러내는 대신 간식을 기다리기도 하지만;), 일을 마치고 들어가는 나를 마치 이산가족 상봉이라도 하듯 열렬히 반겨준다. 차가 생긴 후에는 심지어 자동차 소리에도 반응한다. 정말 신기하게도 내가 탄 차가 주차장에 들어서면 어떻게 알고 짖기 시작한다. 밤비와 부에겐 승아 전용 레이더라도 있는 게 아닐까 싶을 정도다. (정말 그런 거니? 응?)

외출을 하면 항상 엄마가 어디에 있는지를 확인한 후에 다른 사람들의 말을 따르고, 산책할 때에도 수시로 뒤를 돌아서 확인한다. 잠을 잘 때도 침대 옆에 내가 잘 있나 살피는 모습에 마음이 따뜻해지곤 한다. 그리고 언제부터인가 밤비와 부를 통해 느끼는 행복과 소중함을 다른 사람들도 알고 함께 느끼면 좋겠다는 생각을 했다. 나의 가족이 행복하듯 다른 반려견도 행복해지길 바라는 마음에서. 밤비와 부는 애완견이 아니라 함께 웃고 울고 아프고 사랑하는 '가족'이다.

내가 힘들어하거나 슬퍼할 때도, 아이들은 먼저 다가와 손으로 다독거리며 위로해주는데, 목소리나 몸짓만으로도 내 기분을 알아차리는 것 같다. 언젠가, 심한 몸살로 하루종일 누워만 있었던 적이 있다. 정말 너무 아파서 서러울 정도였다. 보통 내가 가만히 누워 있으면 밤비랑 부도 옆에서 잠을 자곤 하는데, 그날은 내가 아파하고 있는 게 느껴졌는지 아이들이 쉬지 않고 침대 주변을 맴돌았다. 마치 내 상태를 체크하는 것처럼. 그 마음이 예쁘고 고마워서 울컥 눈물이 났다.

'그래, 밤비랑 부랑 이렇게 걱정해주는데 얼른 나아야지.'

병원에 갈 힘도 없고 만사가 귀찮아서 누워 있기만 했었는데, 걱정하는 듯한 밤비와 부를 보니 순간 기운이 생겨서 밥을 챙겨 먹고 병원으로 향했다. 녀석들은 정말 내가 걱정됐던 걸까. 아니면 그저 밥도 주고 놀아도 줘야 하는데 누워만 있으니, 일어나라고 보챘던 걸까. 진실은 밤비와 부만 알고 있겠지만, 그때 내게 전달된 마음은 '엄마, 빨리 일어나. 아프지 마'라는 아이들의 간절함이었다. (지금 생각해도, 그때의 너희들이 정말 고마워……)

지금 이 글을 쓰고 있는 순간에도 나는 밤비와 함께 있다(부는 거실에서 자고 있다). 그만큼 반려견과 함께 사는 것은 함께 '생활'하는 것이라 할 수 있는데, 그 모든 순간은 위안이자 행복이 된다. 같이 생활하는 처음이 힘든 것은 서로 다르고, 함께하는 것이 서툴러서 그럴 뿐이다. 서로의 패턴과 습성에 익숙해지면 눈빛만 봐도 마음을 읽을 수 있고, 배려하게 되어 자연스레 행복해진다.

밤비가 아기였을 때의 일이 생각난다. 방바닥이 미끄러운지 다리에 힘이 없어서인지 제대로 걷지도 못하던 아이가 처음으로 걸었을 때 어찌나 신기하고 예쁘던지! 한 살이 지났을 무렵엔 밤비를 훈련시켜야겠다고 생각했다. 우리 강아지는 조금 더 남달랐으면 좋겠다는 마음에서였다.

그런데 밤비, 절대 '손!'을 안 하는 거였다. 아무리 어르고 달래고 애써도, '손!'이라는 말에 아무런 미동도 하지 않았다. (우리 밤비, 앞발이 그렇게 무겁니? 엄마 한 번 잡아보면 안 되겠니?) 간식으로 유혹해보고, 화난 표정도 지어 보이면서 열심히 훈련했지만 좀처럼 성과가 없자, 왠지 심통이 났다. 다른 집 강아지들은 주인이 '손!' 하면 척하니 내미는 것은 물론이고, '앉아' '일어나' '엎드려' '굴러' 갖가지 지시도 척척 따르던데…… 우리 밤비가 열등생 같아서 속이 상했다.

하지만 포기할 수는 없는 노릇. 며칠이 지나 다시 밤비에게 말해보았다.

"밤비, 손!"

그런데 그 순간, 밤비가 보란 듯이 내 손 위에 손을 딱! 올리는 것이 아닌가? 어찌나 기쁘던지! 아기 엄마들이 '엄마' 소리를 처음 들었을 때처럼 신이 나서 엄마와 지인들에게 전화를 걸어 자랑을 했다.

"엄마, 밤비가 오늘 손! 했다."

밤비!와 부는
애완견이 아니라
함께 웃고 울고 아프고
사랑하는 '가족'이다

"언니 언니, 우리 밤비 천잰가봐. 오늘 손을 내 위에 올렸다니까~"

정말 신기하고 대견했던 그날의 기억. 밤비가 내 명령에 복종해서 기뻤던 것이 아니라, 내 말에 반응해줬다는 사실이 기뻤다. 우리가 조금씩 더 통하는 것 같았달까.

강아지들이 하는 행동을 보고 있으면 신기하기도 하고 재밌기도 하다. 밤비는 장난감 가지고 노는 걸 좋아한다. 장난감을 소파에 올려두고 나를 툭 치면, 그걸 던져달라는 뜻이다. 내가 부탁을 들어주지 않으면 인형을 물고 미친 듯이 돌기도 하고, 던져주면 금방 달려가 물어온다. 정신없이 뛰어다니다 다리가 풀려서 넘어질 때도 있는데, 그런 모습을 보면 '푸하하' 하고 웃음을 터뜨릴 수밖에 없다.

그런 밤비와 부의 일화를 엄마에게 곧잘 이야기해주곤 했다. 우리 집은 밤비와 부를 키우기 시작한 후로 가족들 사이에 대화가 더 많아졌다. 일을 시작하고 부모님과 따로 살게 되면서 서로 공유할 부분이 줄어들어, 부모님과의 대화라고 해봤자 안부를 묻고 끝나는 경우가 많았는데. 이제는 엄마도 밤비와 부 이야기를 궁금해하고 먼저 물어보신다. 그러면 수다가 한참 이어진다. 아이들 덕분에 대화할 거리가 많아졌다.

이렇게 밤비와 부가 커가는 과정에서 웃을 일이 많이 생긴다. 신기하고 기특한 아이들의 모습을 보며 하루에 한 번씩이라도 더 웃게 되는 것, 그런 웃음이 바로 힘이자 기쁨이 아닐까?

 Kim 원장님's TIP : 07

강아지와 나만의 커뮤니케이션 신호 만들기

간혹 강아지 훈련에 대해 거부감을 표하는 사람들이 있다. '왜 강아지를 인위적으로 통제하려고 드느냐'라는 의견인데, 훈련에 대한 오해에서 비롯된 생각이다. '앉아' '일어서' 등의 몇 가지 커뮤니케이션 신호는 나와 강아지가 더 잘 소통할 수 있는 수단이며, 동시에 진정으로 반려견과 더불어 살기 위한 방법이다. 사람들이 많은 곳에서 강아지를 통제할 수 없다면, 그 강아지와 오래 행복하게 사는 것은 불가능하지 않을까.

① "앉아" 훈련
이 훈련이 제대로 이루어지면 강아지가 흥분해서 뛰거나 짖을 때 빠르게 진정시킬 수 있다.

step 1. 무릎을 꿇고 강아지와 눈높이를 맞춘다 : 주인과 눈을 맞추면 강아지는 상대적으로 편안한 상태가 된다. 이때 간식이나 먹이를 보여주고, 코로 냄새를 맡게 한다.

step 2. "앉아"라는 명령어를 반복한다 : 손에 든 먹이를 코앞에 대고 흔들면 강아지가 먹이를 본 채 손을 따라 움직이면서 자연스럽게 엉덩이가 땅에 닿는다. 이때 "앉아"라는 명령어를 반복한다.

step 3. 먹이를 주면서 칭찬한다 : "앉아"라는 구호에 맞춰 강아지가 엉덩이를 땅에 붙이면 머리를 쓰다듬으며 칭찬하면서, 먹이를 포상으로 준다.
*"엎드려"나 "일어서"는 위 형태를 조금씩 변형해서 훈련 가능하다.

② "기다려" 훈련

이 훈련이 제대로 이루어지면 밖에서 돌발상황 발생시, 강아지를 효과적으로 통제할 수 있다.

step 1. 강아지에게 "앉아"를 시킨 뒤 주인은 옆에 서 있는다 : 일단 "앉아"에 성공하면 포상으로 간식을 주고, 옆에 서서 "기다려" 하고 말한다. 강아지가 5초 정도 움직이지 않고 계속 앉아 있으면 칭찬해주고, 상을 준다.

step 2. 기다리는 시간을 점차 늘린다 : "기다려"라는 구호 뒤에 움직이지 않는 시간을 점차 늘리면서, 훈련 강도를 높인다. 주인이 "움직여"라고 말하기 전까지 기다릴 수 있도록 하는 훈련이다.

step 3. 강아지와 주인 사이의 거리를 벌린다 : 기다리는 시간이 어느 정도 길어지면, 이젠 멀리서도 강아지를 통제할 수 있도록 주인과 강아지 사이의 거리를 벌려가며 훈련한다.

강아지가 듣고 이해하는 필수 단어들

① **이리 와/ 저리 가** : 개를 가까이 오게 하거나 멀어지게 하는 기본적인 단어.
② **집** : 실내에서 이 말을 들은 개는 자기 집으로 들어가고, 실외라면 집으로 돌아간다는 것을 알아차린다.
③ **가자** : 주인 옆을 따라 걷기 시작하고 주인이 멈추어 서도 앉지 않고 기다린다.
④ **놀러갈까?** : 이 말을 들으면 빙글빙글 돌거나 짖으며 즐거워한다.
⑤ **밥/ 밥 먹자/ 배고파?** : 자신의 밥그릇 앞에 앉아 식사를 기다린다.
⑥ **기다려** : 하던 행동을 멈추고 그 자리에서 다음 지시를 기다린다.
⑦ **손/ 손 줘** : 한쪽 앞발을 올리기 때문에 발톱을 자를 때에 좋다.
⑧ **앉아** : 바닥에 엉덩이를 붙이고 앉는다.
⑨ **엎드려** : 바닥에 바짝 엎드린다.
⑩ **뱉어** : 입에 물고 있는 것을 뱉어내게 한다. 어린 강아지들이 유해한 것을 물어 삼키지 않게끔 가르쳐야 하는 말이다.
⑪ **찾아** : 여러 물건 중에서도 주인의 냄새가 나는 물건을 찾을 수 있다.
⑫ **가져 와** : 특정 물건을 물어 오게 한다.
⑬ **잘했어** : 칭찬의 말. 이 말을 알아들으면 개는 꼬리를 흔들며 좋아한다.
⑭ **안 돼** : 금지의 말. 동작을 멈추고 움직이지 않는다.
⑮ **천천히** : 속도를 늦추어 걷는다.

밤비와의 첫 산책,
잊고 싶은 그날의 추억

나는 정적인 걸 좋아한다. 사람이 많은 곳보다는 없는 곳이 좋고, 하루 중 제일 행복한 시간은 일을 마치고 집에 돌아와 있는 혼자만의 시간! 하지만 그것도 모두 옛날 이야기. 밤비, 부와 함께 산 이후로는 자주 산책을 나가는 것은 물론이고, 집에서도 놀아주느라 가만히 앉아 있을 여유란 없다(ㅠㅠ).

밤비의 경우 처음부터 산책을 좋아한 건 아니었다. 밤비의 기본적인 접종이 끝난 6~8개월 무렵, 밤비도 이제 스스로를 지켜낼 만큼 면역체계가 잡혔으니 더 넓은 세상을 만나게 해주고 싶다는 생각이 들었다.

그렇게 시작된 첫 산책. 명색이 밤비와의 첫 산책인 만큼 특별한 추

억을 만들고 싶었다. 그래서 결정한 장소는 '올림픽공원'. 푸른 잔디도 있고 나무도 많으니 아무래도 집 앞의 아스팔트길을 걷게 하는 것보다는 자연을 만끽할 수 있는 장소라는 생각이 들었다.

"밤비야, 산책 가자!"

들뜬 마음으로 올림픽공원에 도착했다. 목줄, 배변봉투, 물, 사료…… 산책 준비물도 다 챙겼다. '아, 역시 나는 좋은 엄마야'라는 자부심에 들뜬 채, 드디어 안고 있던 밤비를 잔디에 내려줬다.

"밤비야! 도착했어. 마음껏 뛰어 놀아도 돼~ 좋지?"

그런데 이게 웬일? 잔디 위에 밤비를 내려준 그 순간부터 밤비는, '얼음'상태였다. 아무리 목줄을 당겨보고, 밤비가 좋아하는 간식으로 유

혹해보고, 장난을 걸어보아도 그 자리에서 꼼짝도 하지 않았다. 억지로라도 당겨보면 걸어보겠지 싶어 목줄을 당겨보았지만, 엉덩이를 땅에 붙이고 질질 끌려오는 정도였다. 나 역시 밤비와의 첫 산책이라 당황스러워 어찌할 바를 몰랐다.

'왜 이러지? 왜 안 움직이지? 강아지들은 다 산책을 좋아하는 거 아니었나?'

혹시 밖에 나온 게 처음이라서 사람들을 무서워하는지도 모르겠다는 생각이 들었다. 인적이 드문 곳으로 자리를 옮겼지만 마찬가지. 다시 밤비를 안고 한참을 걷다가 내려놓으면 밤비는 다시 얼음상태가 되었고, 그래서 다시 밤비를 안고 걷다 내려놓으면 밤비는 또 '얼음!' 했다. 몇 번을 반복하자 나도 지치고 밤비도 지쳤다. 자기 때문에 이렇게 멀리까지 산책을 나왔는데, 푸른 잔디 위에서 움직이지 않는 밤비가 야속하기만 했다.

결국 그날의 산책은 잔디 위에서 한 번 걸어보지도 못한 채 허무하게 끝이 났다. 밤비도 마음이 불편했던 걸까? 첫 산책이 무서웠던 걸까? 집으로 돌아오는 차 안에서도 밤비는 계속 낑낑거리고 안절부절못했다. 내 마음도 몰라주고 투정부리는 듯한 밤비가 야속해 나는 그저 밤비를 품에 안고 안 된다고 다그치기만 했다.

"안 돼, 밤비. 그만 울어. 엄마도 속상해."

집에 거의 다 도착했을 때쯤이었다. 갑자기 밤비를 안고 있던 품이 따뜻해졌다. 그런데 따뜻할 뿐 아니라 축축한 무언가가 내 옷에 스르륵 스며든다는 느낌이 들었다. 설마?

맙소사, 밤비의 소변이었다. 밤비가 내 품에서 쉬를 하고 있었다. 눈이 마주쳤지만 밤비도 나도 너무 당황했던지라 둘 사이에는 그저 침묵만이 흘렀다. 차는 곧 지하 주차장에 도착했다. 밤비가 결국 못 참고 쉬를 하긴 했지만, 내 품이라 나름 열심히 참아내고 있었나보다. 차에서 내리자마자 꼬마 강아지의 소변이라고는 상상하기 힘든 양의 쉬(정말 성견의 소변 양이었다)를 했다.

밤비는 산책 내내 소변을 참고 있었던 거였다. 어려서 계속 집에서만 자라다가, 처음으로 집이 아닌 새로운 환경에 놓이자 소변을 어떻게 해야 할지 몰랐던 모양이다. 차에서도 참고 또 참다가 내 품에 안긴 채로 쉬를 하고, 그 와중에도 인내심을 발휘한 끝에 내 품에서 벗어나자마자 대형(!) 쉬를 한 거였다. 낯선 환경이 불편하고 두려워서 '얼음'을 하고 꼼짝도 못하고 앉아 있었던 것이고 차에서도 힘들어하며 낑낑거렸던 건데, 나는 그런 줄도 모르고 밤비의 목줄을 당기고 다그치기만 했던 것이다.

그 순간, 밤비에게 미안한 마음이 몰려왔다. 첫 산책은 밤비가 아닌

"미안해, 밤비야.
밤비 너를 위한 준비가
필요했던 건데."

©NYLON, 김상곤

나를 위한 산책이었던 것이다.

'밤비가 무엇을 원하는지도 모르고 종일 나를 위한 산책을 했구나. 낯선 곳에서 쉬를 참았던 밤비는 얼마나 힘이 들었을까. 목줄이나 배변봉투 등 준비물만 챙기는 게 준비가 아니라 산책에도 밤비 너를 위한 준비가 필요했던 건데.'

나는 밤비를 꼭 껴안았다.

"미안해, 밤비야. 미안해."

강아지와의 산책,
좀더 즐겁고 행복하게 만들기

산책 적응 훈련
첫 산책이 실패로 돌아간 후, 산책 코스를 조금씩 바꾸는 식으로 밤비를 적응시켰다. 초반엔 집에서 멀리 안 나가고 집에서 엘리베이터까지, 이후엔 집에서 근처 산책로까지, 이런 식으로 조금씩 범위를 넓혀 멀리 갈 수 있게 했다. 아무래도 처음 나갔던 산책에서 욕심을 내어 너무 멀리까지 나갔던 게 잘못이었다는 생각이 들었기 때문이다.
그 후에는 아이들이 산책 간 곳의 환경에 적응할 수 있게 천천히 걸으며 냄새 맡을 시간을 주었다. 산책은 무서운 게 아니라 밖에서 노는 거란 사실을 정확하게 인식하게 된 후로는 '산책'이라는 말을 알아듣고 목줄 앞에 앉아 있기도 한다.

견종에 맞는 산책법
밤비와 부를 동시에 산책 시킬 때에도 적절한 방법을 찾아야 했다. 밤비와 부의 성향이 달라서 산책 시간에 차이가 나기 때문이다. 부는 다리가 짧고 털이 검어서 지면의 열을 많이 흡수한다. 한낮에 오래 산책하면 지면의 열로 인해 화상을

입을 수도 있다. 그래서 부는 20~30분이 적정 산책 시간이지만, 사냥개인 웰시코기 밤비에게 그 정도는 산책도 아니라고 한다. 그래서 부가 지치면 부를 안고 걷고, 밤비를 많이 걷게 하는 식으로 산책을 조절해주고 있다. 강아지가 함께 들어갈 수 있는 공간에 가서 휴식할 때도 있다.

한 가지 더! 부는 산책 시간이 짧지만 그렇다고 산책을 안 하면 안 되는 이유는, 닥스훈트는 신체 구조상 디스크가 쉽게 오기에 운동을 꼭 해야 하기 때문!

산책시 유의사항과 꼭 챙겨야 할 필수품

① 동물등록표

② 목줄

사람이 많은 복잡한 거리나 횡단보도 등을 거닐 때 목줄 없이 다니는 경우가 있는데, 이는 매우 위험한 상황을 유발할 수 있다. 만약 목줄 등의 보호장비를 착용하지 않고 외출했을 때 안전사고가 발생한다면 보호자가 책임질 부분이 더욱 커질 수 있다. 예를 들어, 목줄을 하지 않은 내 강아지가 다른 행인을 물었을 경우 보호자의 과실이 더욱 가중되고, 목줄을 하지 않은 채로 자동차와 접촉사고가 발생한 경우 운전자의 과실 여부와 함께 보호자의 안전 소홀도 문제가 될 수 있다. 목줄은 내 강아지를 안전하게 지킬 수 있는 가장 기본적인 보호장비이며 다른 사람들을 보호하고 폐를 끼치지 않을 수 있는 예방책이다.

목줄은 반려견의 목둘레를 측정한 다음, 여기에 5~7센티미터를 더해준 수치가 이상적인 길이이다. 목과 목줄 사이에 손가락 두 개가 들어갈 수 있을 정도의 여유면 편안함을 느낀다. 너무 느슨하게 조일 경우, 자칫 강아지가 놀라서 힘을 쓰다가 머리 위로 빠질 수 있다. 목줄이 목 주변에 압박을 주어 목둘레의 피부가 벗겨지거나 탈모, 습진 등이 생길 수 있으므로, 가늘고 거친 목줄보다는 폭이 넓고 부드러운 목줄을 해주는 것이 좋다.

③ 대변 비닐, 집게나 나무젓가락 등 위생도구

강아지가 대변을 보았을 때 치울 수 있는 도구를 챙긴다. 강아지의 대변이 다른 사람들에게 불쾌감을 줄 수 있고 질병을 옮길 수도 있으므로 비닐봉투에 넣어서 가지고 돌아간다.

④ 물과 물그릇

더운 날 산책하거나 산책 시간이 길어질 예상이라면 물, 간단한 물그릇 등을 챙겨서 수시로 수분을 보충해주는 것이 좋다. 또한 생수통에 챙겨온 물은 강아지들의 소변을 씻어내는 데 사용할 수도 있다. 강아지가 나무 아래나 흙바닥에 소변을 보는 경우야 괜찮겠지만, 전봇대나 건물, 담벼락 등 공공시설물에 소변을 보는 경우가 있을 수 있기 때문이다. 이런 경우 물통의 물을 소변에 뿌려 가볍게 씻어낸다.

두 번째
이 야 기

왜 그래,
어디가
아픈 거니……?

: 내 강아지의 건강 챙기기

강아지도
공부가 필요해

"강아지가 어디가 안 좋은지 계속 기침을 해. 감기에 걸린 걸까? 다른 증상은 없는데……"

밤비와 부를 오래 키우다 보니, 주변에 처음 반려견을 입양한 사람들이 내게 조언을 구할 때가 있다. 얼마 전에도 사무실에서 포메라니안을 키우기 시작한 선배가 상담을 해왔다. 건강하던 아이가 어느 순간부터 켁켁거리며 기침을 한다는 것이다. 여름이라 감기에 걸린 것 같지는 않은데, 뭐가 문제인지 모르겠다며 한숨을 쉬었다. 나 역시 수의사는 아니니 몇몇 상태만 듣고 판단할 순 없지만, 그래도 그간의 경험이 있으니 혹시 도움이 될 수 있을까 싶어 주변 환경에 대해 상세히 물어봤다.

"사무실 환기가 제대로 안 되는 거 아니에요?"

"아니, 아침저녁으로 환기시키고 있어. 우리 사무실이 서울 외곽에 있어서 공기 하나는 좋잖아. 그게 문제는 아닌 것 같아."

"사료 외에 다른 음식 준 적은 없고요?"

"당근이지. 사료만 주기로 직원들끼리 약속했거든."

"음…… 산책은 자주 시켜요?"

"그럼. 점심시간에 산책시키는 걸로 모자랄까봐, 심지어 담배 피우러 나갈 때도 데리고 나가는데~"

"네?!!!"

선배는 담배를 피우는 시간에도 강아지들을 데리고 나가, 바깥공기를 쐬게 해준다고 자랑스럽게 말했지만, 문제는 바로 그것이었다. 담배! 사람도 마찬가지지만 개 역시 간접흡연은 굉장히 안 좋은 영향을 미친다. 호흡기에 문제가 생길 수도 있고, 심한 경우 폐암에 걸리기까지 한다. 그 사실을 제대로 몰랐던 탓에 강아지에게 안 좋은 행동을 줄곧 하고 있었던 것이다. 맙소사!

사실 아이를 갖게 되면, 태교부터 시작해 출산, 육아까지 각각의 단계에 알아야 할 정보들을 공부하고 연구하지만, 강아지를 입양할 때 그렇게까지 공을 쏟는 경우는 많지 않은 것 같다. 신생아만큼은 아닐지

몰라도, 강아지 역시 세심한 보살핌이 필요하다는 사실을 인지하지 못해서인 것 같다.

밤비가 좀더 큰 뒤의 사건. 밤비는 웰시코기라는 종의 성향 때문에 유난히 활동적이다. 장난감을 좋아해서 늘 함께 던지기 놀이를 하거나 밤비 혼자 장난감 삼매경에 빠지기 일쑤다. 한번은 밤비가 장난감을 가지고 놀고 있었다. 장난감을 물고 이리저리 다니는 모습이 귀엽기만 했다. 그런데 갑자기 들려오는 뭔가 떨어지는 소리.
'쿵!'
사고는 늘 방심하는 그 순간 일어난다. 밤비가 장난감을 입에 문 채로 소파에서 점프를 했던 것이다. 바닥에 착지한 밤비는 크게 '끼깅' 하는 소리를 내더니 걷지를 못했다. 괴로워하는 밤비를 안고 바로 병원으로 갔다.

'내가 조금만 주의 깊게 살폈다면.' '위험할 수 있는 행동들은 미리 못하게 알려주었다면.'
밤비가 다친 게 자꾸만 내 잘못인 것 같아서 눈물이 났다. 치료실로 밤비를 들여보내고 기다리는 내내, 무서웠다. 잠시 후 원장 선생님께서 나오셨다.

"인대가 파열되었어요. 뒷다리에 깁스를 해야 할 것 같아요. 밤비가 아직 어린데, 성장이 다 끝나지 않은 상태라서 깁스가 몸에 좋지는 않을 거예요. 그치만 어쩔 수 없죠."

자꾸 미안한 마음만 들고 밤비가 떨어지던 순간을 떠올리니 눈물이 훌쩍훌쩍 났다. 그때 밤비가 나왔다. 치료를 받고 나온 밤비를 보는 순간, 나는 눈물 범벅인 상태로 웃음을 터뜨리고 말았다. 밤비는 인대가 파열된 뒷다리만 털을 빡빡 밀고 그 위에 깁스를 했는데, 깁스한 다리를 질질 끌며 나를 향해 뛰어오고 있었다. 도저히 안 웃고는 못 배길 만큼 재밌는 광경이었다. 엄마를 울게 했다가 또 금방 웃게 만드는 요녀석! 밤비!

다리를 끌고 다니는 밤비가 걱정이 되긴 했지만, 집으로 돌아온 며칠 뒤 밤비는 깁스를 한 다리에 금세 적응을 해서 마치 깁스한 걸 잊은 것처럼 아주아주 잘 지냈다. 깁스한 다리를 볼 때마다, 내가 밤비의 안전을 좀더 신경썼더라면 좋았을 거라는 반성을 하긴 했지만.

강아지를 키우기 위해 공부까지 하는 것을 '극성'이라고 생각하는 사람들이 있을지 모르겠다. 하지만 이렇게 생각해보면 어떨까. 우리가

누군가를 좋아하게 되면, 그 사람에 대해 많은 것이 궁금해진다. 어떤 음식을 좋아하는지, 싫어하는 음식은 없는지, 어떤 음악을 즐겨 듣는지, 취미는 무엇인지 등등. 상대에 대해 하나씩 알아갈수록 그와 나의 거리는 좁혀지고, 좀더 많은 것을 함께할 수 있게 된다.

반려동물과의 동거도 마찬가지다. 우리가 함께, 오랫동안 행복하게 살려면, 무엇을 좋아하고 무엇을 싫어하는지 같은 기본적인 정보들을 알아야 하지 않을까. 그러니까 그건 공부가 아니라, 사랑이고 배려인 거라고…… 나는 그렇게 생각한다.

방심은 금물! 집안의 위험으로부터 우리 강아지 지키기

강아지를 실내에서 키운다고 해도 100퍼센트 안전한 것은 아니다. 집에서도 바깥에서만큼 위험한 일들이 벌어질 수 있다는 사실을 명심하고, 항상 주의를 기울일 필요가 있다. 집에서 지내는 강아지들은 약·못·부패한 음식·살충제 등을 삼키기도 한다. 아파트의 경우 창문이나 발코니 난간 사이로 강아지가 추락하는 사고도 있다. 방심은 금물! 집안의 위험으로부터 우리 강아지를 보호하는 방법을 살펴보자.

① 펜스 사용

울타리(펜스)로 생활 구역을 정해주는 식으로, 개의 행동반경을 제한해주는 것이 좋다. 나무, 금속 등 다양한 재질의 제품이 있는데, 강아지의 몸집을 고려해 펜스의 크기를 고르면 된다.

② 안전망 설치
베란다 난간 사이로 떨어지지 않게끔 사이사이를 안전망으로 막도록 한다. 창문에도 꼭 방충망을 해두는 것이 좋다.

③ 전기 코드 주의
전기 코드는 가구 뒤, 카펫 아래로 통과하게 해 개가 코드를 깨물어 감전당하지 않게끔 한다.

④ 삼킬 수 있는 물건 치우기
건전지나 알약, 단추같이 강아지들이 쉽게 삼켜버릴 수 있는 작은 물건들은 강아지들의 눈높이에서 벗어난 곳에 보관하는 등 각별히 주의해야 한다.

⑤ 양면테이프 활용
미끄럽고 물에 빠질 수 있는 욕실, 불과 칼을 사용하는 부엌, 급경사인 계단 등 위험한 장소에 들어가지 못하도록 하는 것이 좋다. 위험하다고 생각되는 공간 입구에 양면테이프를 붙여두면 되는데, 강아지의 발에 끈적한 테이프가 닿으면 불쾌함을 느끼고 다시는 그쪽으로 들어가려 하지 않는다.

우리 강아지, 오래 살게 하려면 이것만은 꼭!

① 강아지 앞에서는 담배를 피우지 않는다!
개가 간접흡연을 하게 되면 폐 건강에 위협을 받고 암에 걸릴 확률이 높아진다. 퍼그, 불독 등 코가 낮은 견종들은 특히 더 위험하니, 주의 요망!

② 예방접종, 건강검진이 내 강아지를 지킨다!
예방접종을 통해 파보장염, 홍역, 켄넬코프 등의 질병으로부터 개를 보호할 수 있다. 강아지에게 위험한 심장사상충 또한 예방할 수 있는 질병. 심장사상충은 모기 등의 해충을 통해 감염되기 때문에 해충을 막는 환경을 만들어주고, 한 달에 한 번 약물을 투여해주면 예방할 수 있다. 정기적으로 검진을 받아 건강상태를 확인하는 것도 병을 예방하고 치료하는 데 중요한 요소다.

③ 중성화수술로 수명을 늘려준다!
자신의 의사를 전달하기 어려운 강아지에게 중성화수술을 받게 하는 것이 불쌍하다고 느낄 수도 있지만, 이후에 겪게 될 더 큰 사고나 질병을 생각한다면 중성화수술을 고려해보는 것이 좋다. 중성화수술을 하면 수컷의 경우 마운팅(mounting_ 강아지가 사람의 다리 등에 붙어서 엉덩이를 흔드는 것, 교미 흉내)과 공격성이 줄어들어 위험한 상황에 덜 노출되며, 남성호르몬 과다분비에 따른 전립선비대, 항문주위선종 등의 질병 발생률이 감소한다. 암컷의 경우는 유방암 발생률이 감소하며 자궁축농증, 난소종양 등의 질병에 걸릴 위험이 줄어든다. 다만, 중성화수술을 하면 다시는 새끼를 가질 수 없고, 신체 활력이 떨어져 비만이 되기 쉽다는 점도 반드시 알아야 한다.

단식투쟁(?)에 들어간 부

밤비는 아침이면 밥을 달라며 나를 깨운다. 그 엄청난 식욕이란! 밥을 주면 진공청소기처럼 순식간에 빨아들인다. 그러고도 아쉬운지 그릇을 계속 핥아댄다. 아침에 식욕이 없는 나로서는 놀랍고 신기하기만 한 모습이다. 그래서 나는 내 아침은 거를지언정 절대 밤비의 아침은 거를 수 없다. 만약 밤비에게 아침을 주지 않으면 어떤 일이 벌어질지, 상상만으로도 무섭다!

그에 비해 부는 밥을 잘 먹지 않는 편이다. 얼마 전엔 사료를 바꿨는데, 혹시 맛이 달라지면 먹지 않을까봐 예전 사료랑 섞어서 줬다. 밤비는 사료가 바뀌어도 아랑곳 않고 잘 먹었지만(그래, 밤비야, 너한텐 뭔들 맛이 없겠니? ㅎㅎ) 부는 새로운 사료는 뱉어내고 예전 사료만 골라

먹는 게 아닌가! 결국 나중에 배가 고파진 후에야 남은 새 사료를 간신히 먹었다. 사실 부는 평소에도 밥을 바로 먹지 않고 두었다가 천천히 하나하나 씹어 먹는 스타일인데, 자기 밥을 다 먹고도 배가 차지 않은 밤비에게 그 밥을 빼앗긴 적이 한두 번이 아니다.

부는 어릴 때부터 강아지보다는 고양이의 성격을 가지고 있었다. 식탐이 없고 조용하고 혼자만의 시간을 즐겼다. 집에서도 조용하고 햇살이 잘 드는 따뜻한 자리에 앉아 있는 걸 좋아했다. 종일 잠을 자거나 집에 없는 듯이 지냈다. 밤비와 부는 반대의 성향이었던 건데, 늘 동생을 챙기려는 밤비와 달리 부는 밤비를 귀찮아했다. 밤비의 경우 자신의 감정을 강하게 어필하기에 그때그때 맞춰주는 일이 가능했지만, 부는 마음을 잘 표현하지 않았기에 나는 늘 부가 무슨 생각을 하는지, 어디가 아픈 건 아닌지 걱정하곤 했다.

그러던 어느 날, 부가 밥을 거부하기 시작했다. 원래 밥에 대한 욕심이 없던 부였기에 첫날은 '입맛이 없나?' 하고 대수롭지 않게 넘겼다. 하지만 그 다음날도 부는 밥을 거부했다. 이틀이 지나도 사흘이 지나도 단식투쟁(?)은 계속됐고, 심지어 자기가 제일 좋아하는 간식도 쳐다보지 않았다. 이상했다. 밥은 그렇다 치고 좋아하는 간식까지 거부하다니. 조금씩 걱정이 되기 시작했다.

'왜 안 먹는 거지? 어디가 아픈 건가?'

밥을 안 먹는 것 외에는 평상시와 다름없었기에 더욱 속이 탔다. 아이들과 함께하다 보면 이런 순간이 가장 답답하다. 특별히 문제는 없는 것 같은데, 뭔가 기운이 없거나 처져 보일 때. 그 원인을 알 수 없는 엄마는 그저 발만 동동 구르며 걱정할 뿐이다. 부의 식사 거부가 며칠이 이어지고 아무래도 안 될 것 같아 병원에 전화를 걸어보니, 의사 선생님께서는 부를 병원에 데리고 오라고 하셨다.

"선생님, 부가 어디가 많이 아픈 건가요?"

부의 병명은 장염이었다. 사람이 장염에 걸리면 약을 먹고 치료하면 되지만, 어린 강아지들에게 장염은 생명을 위협할 수도 있는 정도의 위험한 병 중 하나이다. 병원에서도 부는 계속해서 밥을 거부했고, 결국 입원을 하게 됐다. 2~3일 계속 밥을 거부한 탓에 수액으로 영양을 보충하고 탈수를 방지해주었다. 자그마한 손에 주삿바늘을 꽂고 있는 부가 안쓰러웠다. 하지만 내가 부를 위해 해줄 수 있는 건 아무것도 없었다. 그저 옆에 있어주는 것뿐.

다행히 치료를 받기 시작한 지 2~3일 후 퇴원을 했지만, 그 일로 밥을 잘 먹는 게 강아지에게 얼마나 중요한 일인지 알았다. 또 장염과 같은 질병 정보를 미리 알고 챙겨주지 못해 부에게 미안한 마음이 정말 컸다. 반려견을 키우다 보면 아이들이 진짜로 아파서 그런 건지 단순히 먹기 싫은 건지 알기 어려울 때가 있다. 사람은 아프면 안색이 바뀌어 쉽게 알아차릴 수 있지만, 강아지는 육안으로 봐서는 알기가 어렵기 때문이다. 방법은 없는 것 같다. 그저 늘 세심하게 챙기고, 작은 변화에도 주의를 기울이는 수밖에는.

밤비와 부가 처음 아팠을 때 행여 잘못될까 불안해서 정말 눈물이 났었다. 그래서 이후엔 평상시의 모습을 주의 깊게 관찰해서 조금이라도 이상 징후가 보이면, 바로 병원에 전화를 걸어보는 식으로 신속히 대처했다. 그 덕분일까. 장염을 치료하고 집으로 돌아온 부는 지금까지도 감기 같은 잔병 말고는 아픈 곳 없이 건강하게 잘 지내고 있다.

"단식투쟁까지 한 부와 달리
너무 잘먹어 탈인 밤비."

아기 강아지를 보러 갈 때
손을 깨끗하게 씻어야 해요.

밤비와 부가 아플 때 병원을 오가다 느낀 건데, 강아지들의 아픔에 대해서 사람들이 무심한 경우가 많은 것 같다. 신생아를 보러갈 때에는 손도 깨끗하게 씻고 조심하지만, (펫숍에 가면 손을 잘 씻으면서도) 일반 가정에서는 아기 강아지를 위해 손을 씻는 게 꼭 유난 떠는 것처럼 보여서 잘 안 지켜지는 듯하다. 하지만 아기 강아지들도 신생아만큼이나 면역력이 약해서 언제 어떤 세균에 감염되어 아플지 모른다! 주변의 사람들이 신경써서 예방해주어야 하지 않을까?

맛이 없어? 왜 밥을 안먹는 거야~?

야생에서 사는 강아지들과 달리 먹거리가 풍족한 반려견들은, 사료가 있어도 남기는 경우가 많다. 하지만 사료를 먹지 않는 경우 바로 치우는 것이 좋다. 음식을 바로 먹지 않으면 먹이를 얻을 수 없다는 것을 알게 하여 올바른 식사 습관을 유도하는 것. 또 간식을 많이 먹는 경우에도 식사를 거부할 수 있으니, 간식의 양을 조절해줘야 한다.

① 갑자기 밥을 먹지 않을 때
강아지가 식사를 거부하는 경우는 단순히 사료에 대한 기호가 감소했거나 혹은 낯선 인물이나 장소 등 환경적인 변화가 원인일 수 있다. 평소에 좋아하던 간식을 먹여보고 판단하자. 단순히 입맛이 없거나 사료가 마음에 들지 않아서 먹지 않는 경우, 간식에는 반응하기 때문이다. 부의 사례처럼 좋아하는 간식마저 잘 먹지 않는다면 혹시 어디가 아픈 건 아닌지 확인해봐야 한다. 식사를 거부하는 경우, 소화불량, 장염이나 췌장염, 이물질 섭취에 의한 소화기 기능장애 등을 의심해볼 수 있다. 이런 경우 꼭 근처 동물병원에서 진료를 받아야 한다.

② 한 마리가 다른 개의 밥을 빼앗아 먹을 때
밤비처럼 다른 개의 밥을 먹어버리는 경우는 먹을 것에 대한 집착이 큰 경우이기도 하지만, 주로 개들끼리 먹이를 먹는 속도가 차이 나서 이런 일이 생기게 된다. 따라서 먹이를 먹는 장소나 시간을 서로 다르게 해주면, 각각의 개가 자기 몫의 밥을 먹도록 유도할 수 있다.

부, 그만 좀 긁어!
밤비는 그만 좀 핥고!

"다다다다닥~"

이것은 과연 무슨 소리일까. 강아지가 뛰어가는 소리? 아니다. 아마도 개를 키우고 있는 사람이라면, 이 소리에 노이로제가 걸려본 경험이 한 번쯤 있을 텐데…… 바로 강아지가 귀나 몸을 긁는 소리다. 정말 얼마나 열심히, 온 힘을 다해 긁는지 빠르게 움직이는 발에서 바람이 나오고, 그 소리가 헬리콥터 소리에 버금갈 정도라고 하면 과장일까?

부는 털이 짧은 종인 닥스훈트이다. 그래서 추위를 많이 타고 피부가 많이 건조한 편인데, 춥고 건조한 겨울이면 늘 고생을 한다. 겨울이 되면 부가 추울까봐 옷을 입히는데, 옷을 입었다가 벗을 때마다 옷과 몸 사이의 마찰 때문에 각질이 더 심해지기도 한다. 옷을 입히지 않자니

털이 짧은 부가 추위를 타고, 옷을 입히자니 건조한 피부에 더욱 무리가 가고. 이러지도 저러지도 못하는 엄마 마음은 늘 타들어간다(ㅠㅠ). 사람의 경우 건조한 피부나 두피에 각질이 생겨서 살이 트거나 비듬이 생기는 것과 같다. 강아지도 똑같이 피부가 건조하고 각질이 심해지면 피부 가려움증을 겪는다. 부 역시 겨울이 되면 가려움증이 심한지 온 몸을 긁고 또 긁는다.

가려움에 대한 고통을 나 역시 알기 때문에 몸을 긁고 있는 부가 안쓰러울 때가 많다. 조금이나마 부를 도와주고 싶어 여러 방법을 찾아봤다.

첫번째 처방은 '보습 로션'이다. 가장 간단한 방법이지만 긴급 처방으로 쓸 수 있어 요긴하다. 자기 몸에 보디로션을 바를 때처럼 강아지 몸에도 부드럽게 마사지하듯 발라주면 된다. 단 보습 로션을 발라주는 것은 안 바르는 것보다는 효과가 있지만, 다소 일시적인 방법이다.

두번째 처방은 '오메가3 오일'이다. 오메가3 속 성분이 피부를 촉촉하게 만들어준다고 한다. 향이 생선 비린내처럼 비릿하기 때문에 비위가 약한 사람들에게는 큰 인내가 필요하다. 대신 효과는 탁월하다! 몸에 좋은 거라고 하기에 부뿐만 아니라 밤비에게 같이 먹였는데, 밤비는 오메가3 오일을 먹고 설사를 했다. 밤비에게 성분이 맞지 않은 듯해서 그 뒤로는 밤비에게는 오메가3 오일을 주지 않았다. 반면 부의 경우에는 오메가3 오일이 몸에 잘 맞는다. 가을에서 겨울로 넘어가는 환절기에 주로 먹이곤 한다. 먹고 나면 털에 윤기가 흐르고 건조했던 피부가 아주 촉촉해진다. 비릿한 냄새가 계속 풍길 수 있기 때문에 오메가3 오일을 먹고 난 후에는 양치질이 필수다! 아무리 좋은 약이라도 부에게는 좋고 밤비에게는 좋지 않듯이, 아무리 좋다는 처방이라도 강아지의 종류와 특성에 맞게 골라서 피부를 관리해주어야 한다는 사실!

  부가 긁기로 내 속을 썩인다면, 밤비는 핥기로 내 속을 썩인다. 밤비의 취미 중 하나는 손을 핥는 것이다. 열심히, 아주 열심히 손을 핥는다. 처음엔 고양이처럼 자신의 몸을 깨끗하게 하거나 단장하는 행동이라고 여겼다. 그런데 시간이 지날수록 손을 핥는 버릇이 심해지는 게 느껴졌다. 핥는 버릇이 심해지자 밤비의 손에서는 물걸레 냄새(악취가 심하다ㅠㅠ)가 났고 손이 심하게 붓기 시작했다. 그때가 되어서야 병원을 찾아갔는데, 병명은 습진이었다.

  사람도 손에 물기가 자주 닿으면 습진이 생기는데 강아지도 비슷하다. 손이 침 때문에 습해져서 습진이 생긴 것이다. 손을 소독하고 잘 건조시킨 뒤 약을 골고루 발라줘야 한다고 하셨다. 약을 발라두고도 절제를 못하는 경우가 대부분이라 심한 경우엔 강아지들이 제일 싫어하는 깔때기를 해야 한다. 습진 치료 크림을 핥아 먹는 경우 설사를 유발

할 수 있고, 약을 바르더라도 계속 핥으면 제대로 치유가 되지 않기 때문이다.

여기서 잠깐! 깔때기는 강아지를 세상에서 제일 불쌍하게 보이게 만드는 효과가 있는데, 절대 여기에 마음이 약해지면 안 된다. 나도 몇 번 깔때기를 한 밤비가 너무 불쌍해 보여서 깔때기를 제거해줬는데, 그 때문에 오히려 습진이 오래오래 계속되었다. 자신의 반려견을 사랑한다면 마음을 굳게 먹고 절대 약해지지 말기! 그게 진정한 사랑이다.

 Kim 원장님's Tip 13

핥기와 긁기의 다양한 원인과 처방

강아지들이 몸을 핥거나 긁는 원인은 행동학적인 문제이거나 질병이 관련되어 있을 수 있다. 강아지들은 심리적인 불안감이나 욕구불만 등을 느낄 때 본인의 몸을 통해 해소하려는 본능에 따라 자신의 몸을 긁거나 핥는 경우가 많다. 이때 근본적인 원인이 무엇인지를 알아내는 것도 큰 의미가 있지만 그렇지 못한 경우도 있다. 우선 이런 문제행동들을 하지 못하게 바로 교육시켜주는 것이 좋다. 그렇지 않으면 지속적으로 긁거나 핥는 행동이 반복되어 피부에 2차적인 세균 감염을 유발할 수 있다.

반면에 피부병이나 외부의 자극에 의한 피부 손상이 있을 때도 강아지들은 몸을 핥는다. 이럴 때는 동물병원으로 가서 피부병의 원인과 외부 손상의 원인이 무엇인지를 빨리 알아내어 신속하고 적절한 치료를 하는 것이 가장 중요하다.

내 강아지 기초건강체크 리스트

사랑하는 가족, 우리 반려견이 아프다는 것은 강아지 스스로뿐 아니라 함께 사는 가족들에게도 참 힘든 일이다. 강아지가 질병으로 고통받지 않게 하기 위해서는, 평소 집에서 생활하는 동안 자주 강아지를 살펴보고 깨끗하게 관리해주는 것이 중요하다. 아프기 전에 미리 아프지 않게끔 환경을 만들어주는 것이다. 집에서 우리 강아지들 몸 구석구석을 살피며 건강을 체크할 수 있는 리스트를 정리해봤다.

① 눈
눈곱이나 눈물이 많지는 않은지 확인하고 부드러운 솜으로 부드럽게 닦아준다.

② 치아
양치는 매일 해주는 것이 가장 좋지만 대부분의 보호자들이 이를 매우 힘들어한다. 방법이 어려워서가 아니라 강아지들이 제대로 협조를 하지 않기 때문이다. 어릴 때부터 양치를 하는 과정이 습관이 들지 않아서 더욱 어려운 것일 수 있다. 때문에 치아가 매우 깨끗하다 하더라도 습관을 들이고 교육을 하는 의미로 어릴 때부터 항상 양치를 해주는 것을 추천한다. 강아지의 크기에 맞는 부드러운 강아지용 칫솔과 치약, 치약물을 이용하여 양치를 해주면 된다. 강아지의 입술을 살짝 들어 올리고 노출된 치아와 잇몸을 너무 세지 않게 부드럽게 문질러 구석구석 깨끗하게 닦아준다. 물론 강아지가 양치를 싫어하겠지만 무리가 되지 않는 선에서 조금씩 양치 시간을 늘려가면 된다.

동물병원을 멀리하지 않는 것도 중요하다. 물론 집에서 건강하게 잘 관리할 수 있겠지만, 정기적인 동물병원 방문을 통해 내 강아지의 건강상태를 확인할 수 있고 또한 혹시라도 모르고 있었던 내 강아지의 특성, 육안으로 알 수 없었던 질병에 대한 정보를 얻을 수 있기 때문이다. 사랑하는 우리 강아지의 건강을 꼼꼼하게 챙길 수 있는 동물병원, 정기적으로 방문하자.

③ 귀
살며시 뒤집어 보아 귀 안쪽 피부가 분홍빛인지를 확인하고, 분비물이 있거나 빨갛게 부어 있는지 등을 살펴본다. 건강한 강아지의 귀라면 일주일에 한 번 정도 목욕시킬 때 가볍게 강아지용 귀 세정제로 귀의 바깥 부위를 솜으로 부드럽게 닦아 주는 것으로도 충분하다. 강아지의 귀는 약해서, 면봉을 이용한다거나 귓속 깊숙이 힘을 주어 닦으려 하다 보면 의도치 않게 귀에 손상을 줄 수 있다. .

④ 피부와 털
털이나 피부 등의 위생상태를 확인하기 위해 항상 빗질을 습관화하면 좋다. 또한 빗질을 하는 시간 동안에는 강아지와 보호자가 자연스럽게 스킨십을 하면서 교감을 나눌 수 있으며, 건강한 피모 관리를 통해 털과 피부에 발생하는 질병을 예방할 수 있다.

⑤ 항문
배변 후에는 항문 주변의 위생상태를 확인하고 물티슈 등으로 부드럽게 닦아준다. 가벼운 산책 후 샤워를 하지 않는 상황에도 물티슈로 발바닥이나 항문, 입 주변 등은 깨끗하게 닦아주는 것이 좋다. 또 항문낭에는 분비물이 고여 있을 수 있기 때문에 정기적으로 항문낭을 짜주는 것이 좋은데, 처음이라 어려울 경우 수의사의 도움을 받으면 된다.

뚝뚝뚝, 밤비야 제발 침만은……
줄줄줄, 부야 제발 콧물만은……

밤비는 어릴 때부터 유독 더위를 많이 타서 늘 시원한 곳을 찾아다녔다. 밤비가 사라져서 찾아보면 보통 현관이나 창가에 앉아 있곤 했다. 그래도 그때는 어려서 몸집도 작고 별 문제가 없었다. 밤비의 어린이 시절이 지나고 또 몇 번의 여름이 왔다.

    그리고 밤비는…… '무한 침 흘리기'를 선보이기 시작했다.

    아마 여기까지 글을 읽으신 분들은 마음속으로 '아니 개가 침을 흘려봤자 뭐 얼마나 흘리겠어?'라고 생각할지 모른다. 하지만 모르시는 말씀! 사태의 심각성을 알려드리기 위해 여기서 잠깐! 웰시코기의 특징을 설명하는 게 좋겠다. 웰시코기는 다른 견종에 비해 털이 빼곡하게 이중으로 자란다. 털이 어찌나 많은지 목욕을 한 후에 밤비의 털을

바짝 말리려면 바람이 강한 동물병원 드라이어로도 두 시간이나 소요된다. 또 밤비는 털이 너무 빼곡한 탓에 가위질이 제대로 되지 않아 미용을 할 때 클리퍼(바리캉)로 털을 미는 스포츠 스타일만이 가능하다.

이런 웰시코기의 특성상 밤비는 유독 더위를 많이 탈 수밖에 없다. 문제는 강아지들은 몸에 땀구멍이 없어서 입으로 체온 조절을 한다는 사실! 그리고 입을 열고 헉헉거리는 사이에 침이 분비된다. 밤비는 더위를 더 많이 타고, 그만큼 더 헉헉거리면, 정말 엄청난 양의 침이 분비되는 것이다(ㅠㅠ).

여름이면 밤비의 침 때문에 종일 걸레질을 한다. 밤비의 침이 가져오는 파장은 그야말로 어마어마하다. 밤비의 침을 밟고 미끄러져 넘어질 뻔한 적이 한두 번이 아니다. 바닥은 종일 끈적끈적해 엄마는 무한

청소의 임무를 짊어지고, 부는 머리와 몸에까지 침 무스를 바르게 된다. 밤비 스스로도 참 고생인 것이, 턱 아래엔 침으로 인한 피부병이 생기기도 한다. 그래서 여름이면 밤비의 의사와 상관없이 스포츠 스타일로 털을 짧게 깎는다. 또 실내 온도를 시원하게 유지하는데, 선풍기로는 어림없고 에어컨 정도 되어야 밤비가 침을 덜 흘릴 만한 온도가 유지된다. 전기세를 볼 때면…… 정말 울고 싶다.

밤비를 처음 만난 사람들은 밤비가 흘리는 엄청난 양의 침 때문에 놀란다. 그래도 이제 밤비를 잘 아는 몇몇 언니오빠들은 밤비가 침을 흘려도 '밤비가 보습 크림 발라주는 거니?' 하고 웃으면서 넘기고 아무렇지 않게 침을 닦아준다. 한번은 수의사 선생님께 물었다.

"선생님, 혹시 우리 밤비가 무슨 병이 있는 게 아닐까요?"

"괜찮아요. 사람마다 건강상태나 신체 특징이 다르듯이 밤비도 다른 강아지들과 조금 다를 뿐이에요. 다른 강아지보다 침 흘리는 양이 많은 것뿐이죠."

선생님께선 괜찮다고 대답하셨지만 사실 난 여름이 되면 여전히 힘이 든다. 밤비는 창문 근처에 앉아 폭포같이 쏟아지는 침 퍼포먼스를 펼치고 있다. 하루에도 몇 번씩 내게 무한 걸레질을 선사하는 우리 밤비, 올여름도 잘 이겨내보자. 응?

밤비에게 침이 있다면, 부에겐 콧물이 있다. (정말 둘이 짜기라도 한 걸까? 어쩜 이리 박자를 맞춰서!) 밤비 때문에 여름이 두렵다면, 겨울에 긴장하는 이유는 부 탓이다. 감기가 사람에게 흔한 질병 중 하나이듯 강아지에게도 감기는 흔한 질병이다. 밤비보다는 털이 짧아 기온에 민감한 부가 더 자주 감기에 걸리는데, 끊임없이 콧물을 흘리거나 기침을 한다.

콧물이 나오더라도 대부분의 강아지들이 혀로 핥아버려서 보호자들이 잘 모르는 경우도 있다. 강아지를 돌보며 콧물을 흘리는지, 기침을 하진 않는지 주의깊게 관찰해야 하는 이유다. 감기가 심해지면 사람처

럼 코가 막히기도 하고 노란 콧물이 생기기도 한다.

강아지들은 꼭 비염 환자들이 코가 간질간질해서 하는 것처럼 기침을 하는데, 이를 정말 코가 간지러워서 하는 단순한 재채기로 오해하기 쉽다. 감기는 열도 동반하는데 처음에는 어떻게 해야 할지 고민이 됐다. 부의 체온이 평소보다 높은 것 같긴 한데 사람처럼 이마를 만져 보고 가늠해야 하나 아니면 겨드랑이 같은 곳을 만져보고 가늠해야 하나 알지 못했기 때문이다. 정답은 바로! 발바닥이나 뒷다리, 허벅지 안쪽을 만져보는 것이다. 그 부분이 평소의 체온과 비교했을 때, 평소보다 체온이 더 높다면 열이 나고 있는 것이다.

부는 환절기와 겨울엔 약간의 찬바람만 쐬어도 감기에 걸리곤 한다. 그럴 때마다 병원에 가서 치료를 받는 건 나에게도 부에게도 스트레스였다. 또 심하지 않은 감기에 매번 약과 주사로 치료하는 건 현명하지 못한 방법이라는 생각이 들었다. 그래서 원장님께 여쭈어보았다! 평소에 감기가 걸리지 않게끔 호흡기 건강을 관리해줄 수 있는 방법! 다음 팁에 상세히 설명돼 있으니, 참고하면 좋을 것 같다.

더위를 많이 타는 강아지, 어떻게 식혀줄까?

개의 체온은 평균 37~39도로 사람보다 약간 높다. 견종마다 다르지만, 밤비를 비롯한 대부분의 개들이 추위에는 강하고 더위에는 약해 여름에 많이 힘들어한다. 개는 사람과 달리 땀샘이 발바닥에만 있고, 긴장하거나 스트레스를 받을 때 땀을 흘린다. 더울 때는 땀샘으로 땀을 흘리는 대신, 입을 벌려 혀를 내밀고 숨을 내쉬는 행동으로 체온을 조절한다. 침을 증발시켜 체내의 열을 내보내는 것이다. 밤비가 여름이면 침을 많이 흘리는 까닭도 이 때문.

기온이 25도만 넘어도 개는 더 힘들어하기 때문에 주인이 여러 가지 방법으로 항상 세심하게 실내 온도를 조절해주어야 한다. 사람의 체감 온도로 판단하기보다는 개가 있는 높이, 즉 사람의 무릎 아래쪽에 온도계를 설치하여 측정하는 것이 정확하다.

① **에어컨** 기온과 습도를 동시에 낮출 수 있어 매우 효과적인 방법.
② **여름용품** 쿨매트, 냉각시트 등 체온 조절에 도움이 되는 물품을 구할 수 있다.
③ **미용** 털을 짧게 잘라주면 차가운 바닥에 뒹굴며 보다 쉽게 열을 방출할 수 있다.
④ **그늘** 개의 행동 범위 안에 그늘을 만들어주는 것이 좋다.

주인이 집을 비워둔 사이, 집안 온도가 제대로 조절되지 않아 고체온증에 걸리는 강아지들도 많다. 고체온증에 걸리면 설사, 구토 증세를 겪고 맥박이 빨라져 심한 경우엔 쇼크로 호흡과 심박이 정지할 수도 있다. 더운 집에 혼자 남은 강아지가 죽은 채로 발견된 사례도 있으니, 여름에는 외출할 때에도 미리 신경써서 집안 온도를 조절해주는 것이 중요하다. 만약 강아지가 고체온증에 걸렸다면 찬물로 몸을 적셔 온도를 조금 내린 후 바로 동물병원으로 가야 한다.

하지만 반대로 부처럼 털이 짧고 몸이 작은 개는 스스로 몸의 열을 보존하기가 어려워 추위에 약하다. 이런 견종은 겨울에 옷을 입혀 체온 조절을 해주는 게 좋다. 혹시 털이 짧고 작은 강아지들이 실내에서 자면서도 몸을 둥글게 말고 있다면 추위를 느끼고 있을 가능성이 높다. 동물 전용 전기장판을 깔아주거나 상자 등으로 잠자는 곳 주변을 둘러주면 따뜻한 공기를 유지할 수 있다.

강아지 호흡기 관리는 생활환경 조성부터!

강아지들의 호흡기 관리는 평소 생활환경을 어떻게 잘 만들어주느냐가 중요하다. 물론 특이하게 좀더 호흡기에 약점을 가지는 포메라니안, 퍼그, 페키니즈와 같은 종들도 있다. 그러나 조금만 더 신경을 써서 쾌적한 환경을 만들어준다면 강아지의 건강을 지켜줄 수 있다.

① 항상 환기가 잘되는 환경을 유지한다
너무 장시간 동안 밀폐된 공간에 있게 되면 호흡기에 안 좋은 영향을 받게 된다. 때때로 창문을 열어 신선한 공기를 쐬게 해주자.

② 적정 온도를 유지한다
너무 춥다고 혹은 덥다고 난방기나 에어컨을 강하게 장시간 가동시킨다면, 오히려 공기가 건조해져 강아지의 호흡기가 자극을 받을 수 있다. 기침 등 호흡기 질병을 유발하는 것. 때문에 적당한 냉·난방기 가동으로 적정 온도를 유지시키고, 가습기로 공기가 건조해지는 것을 막아 강아지의 호흡기를 보호해야 한다.

③ 신선한 물을 항상 준비한다
물을 마시는 것은 건조한 공기에 의한 자극을 조금은 완화시켜줄 수 있는 방법.

④ 유해 공기를 강아지에게 직접 노출시키는 행동은 자제한다
예전에 한 남자분께서 술에 취해 아기 강아지의 얼굴에 담배 연기를 계속 불어서 강아지가 기절한 채로 병원에 온 적이 있었다. (설마 이러신 분들은 없겠죠?)

밤비, 부!
잘 자고 있는 거니~?

간혹 주변의 아기 엄마들이 그런 말을 한다. 아기가 제일 예쁜 순간은 잠들었을 때라고. 평온하게 잠든 아이의 표정은 고단한 세상의 시름을 잊게 만드는 마력이 있는 것 같다. 하지만 이건 아이가 없는 사람의 경우고, 엄마들이 아이가 잠든 모습을 좋아하는 또다른 이유가 있다고 한다. 바로 자는 동안은 보채지도 않을뿐더러 잠시 여유를 찾을 수 있기 때문이라고!

    나도 조금은 알 것 같다. 밤비와 부가 잠든 모습을 보는 내 마음도 그러니까. 쿨쿨, 곤히 잠든 아이들을 보고 있노라면 그 순간만은 세상이 참 평화롭고 여유롭게 느껴진다.

    하지만 두둥! 여기서 반전은 아이들이 자는 모습이 마냥 예쁘지만은 않다는 사실. 나는 애들을 키우기 전까지는 잠버릇이라는 게 사람에게만 있는 건 줄 알았다. 하지만 밤비와 부에게도 저마다의 잠버릇이 있었고, 그것들을 발견할 때마다 귀여워서 키득키득 웃곤 했다. 잠버릇도 강아지의 종과 성향에 따라 다른가 싶을 만큼 밤비와 부는 굉장히 다른 잠버릇을 가지고 있다. 밤비가 '피로에 지친 아버지' 콘셉트라면 부는 '사춘기 소녀' 콘셉트다.

부보다는 밤비에게 잠버릇이 더 많다. 밤비의 첫번째 잠버릇은 '코골이'다. 처음엔 코 고는 모습도 참 신기하고 귀여웠다.
'어쩜 저 작은 코로 코를 골지?'
그러나 그런 사랑스러움은 밤비가 커갈수록 고통스러움으로 변해갔다. 시간이 지날수록 밤비의 코골이가 심해져 소리가 엄청나게 커졌기 때문이다. 수치로 표현하자면…… 처음 볼륨이 10이었다면, 다섯 살이 된 지금은 120 정도? 뿐만 아니라 다양한 종류의 코골이 사운드를 구사해서 가끔은 기괴한 느낌마저 주기도 한다.
한번은 엄마가 우리 집에 오셔서 주무시고 가셨다. 엄마가 먼저 잠이 드시고 나도 곧 깊은 잠에 빠져들었다. 한참을 자고 있는데 엄마가 속삭이는 목소리로 나를 깨웠다.
"큰일 났어. 집에 누가 들어온 것 같아. 얼른 일어나봐."

한밤중에 누군가 집에 들어온 것 같다는 엄마의 말에 나도 깜짝 놀라 심장이 쿵쿵 뛰기 시작했다. 어느새 내 눈은 본능적으로 아이들을 찾고 있었다.

"왜? 무슨 소리라도 났어?"

"아니, 이상하게 남자들 코고는 소리가 나서…… 깜짝 놀라서 깼다. 근데 살펴보니까 아무도 없는 것 같아."

분명히 엄마랑 나 이렇게 둘이 잠들었는데 집에서 성인 남자의 코고는 소리가 들려 깜짝 놀라서 깼다는 것이다. 그런데 벌떡 일어나서 살펴보니 아무도 없더라고!

"엄마…… 그 코골이 소리…… 밤비가 내는 거야!"

한밤중에 자다가 깬 엄마와 나는 배를 잡고 웃었다. 성인 남자 뺨치는 엄청난 코골이 소리의 주인공이 바로 밤비였기 때문이다. 늦은 밤

엄마를 공포로 몰아넣은 주인공 밤비! 나도 엄마 마음을 충분히 이해했다. 나도 아빠 코골이 소리 같은 밤비의 코골이에 놀라서 깨고 웃다가 잠들 때가 많으니까.

'흐응~ 아아아아~ 아! 쩝쩝쩝~'

밤비의 두번째 잠버릇은 잠꼬대이다. 이 소리를 어떻게 글로 표현할 수 있을까! 사람들이 잠꼬대를 하는 것처럼 밤비도 다양한 잠꼬대를 한다. 늑대처럼 우는 소리를 내기도 하고, 짖기 전에 그르릉거리는 듯한 소리를 내기도 한다. 쩝쩝거리며 입맛을 다실 때도 있고, 아기가 젖 빠는 것처럼 쪽쪽거릴 때도 있다. 어떻게 그런 이상한 소리들을 찾아서 내는지, 그 소리가 다양해서 감상하는 재미가 꽤 쏠쏠하다.

세번째 잠버릇은 다양한 잠자기 포즈! 웰시코기종의 특징적 잠버릇인 슈퍼맨 자세는 기본이고, 짧은 다리에 턱 괴기, 사람처럼 드러누워 머리를 땅에 대고 만세 포즈로 자기 등등 포즈도 다양하다. 여기에서 포인트는 다리 하나를 꼭 어딘가에 올린다는 것이다. 침대 옆 사이드 테이블의 소파 손걸이, 내 다리 위 등에 발을 올려두고 잔다. 가끔은 부를 발판으로 삼기도 하는데 그때마다 부가 참 불쌍하다. 이밖에도 밤비는 자면서 달리기도 하고(수면상태에서 발만 빨리 움직인다 ㅎㅎ)! 메롱 하는 것처럼 혀를 내밀고 잘 때도 있다.

밤비에 비하면 부는 잠버릇이 거의 없는 편에 가깝다. 부의 잠버릇은 '굴 만들기'이다. 부는 혼자 있는 것과 안락한 분위기를 좋아한다. 그래서 잘 때도 몸을 동그랗게 말거나 자신의 침대 패드 아래로 몸을 숨기고 잠을 잔다. 침대 패드 아래에 숨으면 부가 잘 보이지 않는다. 부가 없어진 줄 알고 찾은 적도 몇 번 있다. 그럴 때마다 침대 이불 속이나 소파 밑에 동그랗게 말려 있는 부를 찾아내면 또 그 모습이 귀여워 웃음이 난다.

　때론 귀엽고, 때론 어이없는 밤비와 부의 잠버릇. 하지만 탱크 소리 같은 코골이 소리도, 정체불명의 잠꼬대도, 모두 아이들이 건강하게 잘 자라고 있는 증거라고 생각하면 그저 웃게 된다.

우리 강아지, 잘 자고 있을까?

① 편안하게 자고 있는 상태

• 잠꼬대를 한다

밤비처럼 입을 우물거리고 쩝쩝거리는 소리를 내는 경우, 몸은 잠들어 있고 뇌가 깨어 있는 상태. 꿈을 꾸고 있는 가능성이 크다.

• 배를 뒤집고 만세·슈퍼맨 포즈를 한다

배를 위로 뒤집고 자는 것은 편안하게 잘 자고 있는 상태라는 걸 보여준다.

• 방귀를 뀐다, 혀를 내민다, 흰자위를 보인다

온몸의 근육이 이완되어 있는 상태로, 항문이나 입가, 눈가의 근육이 느슨해져서 생기는 자연스러운 현상이니 걱정하지 않아도 된다.

② 제대로 자고 있지 못한 상태

• 코를 곤다

코를 고는 원인은 견종에 따라 다르다.

첫째, 퍼그, 페키니즈, 시츄 등 얼굴이 눌려 있는 아이들은 코를 많이 곤다. 둘째, 선천적으로 기도협착증이 있는 포메라니안 같은 종은 호흡기 문제가 있을 수 있다. 퍼그나 페키니즈도 기도협착증 때문에 나이 들어서 숨을 잘 못 쉬는 경우가 있다. 셋째, 살이 많이 찌는 경우. 넷째 외부 원인일 수도 있다. 건조하거나 먼지가 많으면 비강 내에 염증이 생겨 공기 순환이 안 되고, 염증 때문에 비강이 자꾸 좁아지니까 공기가 이동하면서 소리를 내는 것.

어떤 원인에 해당하느냐에 따라 위험한지 아닌지도 결정된다. 코골이 자체가 위험한 게 아니라 코를 골게 하는 다른 원인이 있다는 게 위험한 일이기 때문. 코 고는 모습을 보았을 때는 꼭 원인을 파악해보고, 원인을 해결해주어야 한다.

• 소변을 본다

자면서 소변을 보는 경우 몸에 이상이 있을 수 있으니, 병원에 가보는 것이 좋다.

밤비야 ㅠㅠ
응가는 먹으면 안 돼~

밤비는 식탐이 강하고 호기심이 많은 꼬마다. 한마디로 사고뭉치! 하지만 밤비가 처음부터 그랬던 건 아니다. 밤비가 처음 왔을 땐 너무 작아서 혼자 잘 수 있게끔 작은 울타리 안에 집을 만들어줬다. 그런데 낯선 환경에 적응이 되지 않아서인지, 밤이 되어 내가 방에 가서 잠이 들면 밤비는 내가 일어날 때까지 낑낑거리며 울었다. 그 모습이 어찌나 애처롭고 마음이 아프던지…… 결국 늘 잠을 설치며 밤비 집 옆에서 쪽잠을 자기 일쑤였다. 피곤해도 어쩔 수 없었다. 자꾸만 우는 밤비를 혼자 둘 수는 없었으니까. 하지만 이건 시작에 불과했다는 사실!

혹시나 다른 곳에 대소변을 보면 어떻게 하나 걱정했지만, 밤비는 배변 훈련을 곧잘 따랐다. 별 걱정 없이 밤비의 배변 훈련이 이루어지는 것 같았다. 똘똘한 우리 밤비! 기특하고 대견한 마음에 얼마나 칭찬하고 예뻐했는지 모른다. 그런데 어느 날 패드를 유심히 보고 있는데 문득 이상한 생각이 들었다. 패드에는 항상 소변 자국만 있고 대변은 없었던 것이다. 대변은 늘 약간의 흔적만이 남아 있었다.

'밤비가 응가를 참고 있는 걸까? 패드가 아닌 다른 곳에 응가를 하나?'

밤비의 대변에 대한 의문이 꼬리를 물고 이어졌다. 아무리 집안 곳곳을 뒤져도 대변은 보이지 않았고, 밤비의 응가를 찾기 위해 그날부터 난 '셜록 홈즈'가 되어 밤비의 뒤를 쫓았다. 밤비 몰래 뒤를 밟으며 밤비의 움직임을 유심히 관찰하고, 생각날 때마다 밤비의 응가가 어디로 사라진 건지 추리해보곤 했다. 밥 먹다가 쳐다보고 설거지하다가 한 번 보고, 청소하다가 또 한번 보고! 그러나 며칠이 지나도 밤비 응가의 미스터리는 풀리지 않았다. 그러던 어느 늦은 밤. 잠을 자려고 침대에 누웠는데, 어디선가 희미하게 쩝쩝거리는 소리가 났다.

'밤비가 이 시간에 사료를 먹나?'

집안의 불은 꺼둔 채로 조심조심 소리의 근원지를 향해 다가갔다. 그리고 밤비의 기척이 느껴지는 곳에 다다랐는데……

"Oh My God!!!!!"

밤비가…… 밤비가 자신의 응가를 신나게 먹고 있었다.

"밤비야! 안 돼~!!!!"

얼마나 충격을 받았는지, 아마 겪어보지 않은 사람은 모를 것이다. 천사처럼 예쁜 내 강아지가, 그 사랑스럽고 귀여운 아이가 또…… 똥을 먹는 모습이라니. 충격이 심했는지 갑자기 눈물까지 쏟아졌다. 그날 밤, 정은 언니에게 전화를 걸어 얼마나 울었는지 모른다.

"어…… 언니, 엉엉."

"왜 그래, 무슨 일 있어?"

"엉엉엉, 우리 밤비가, 밤비가, 똥을 먹어. 엉엉."

그 엄청난 밤은 그렇게 지나갔다. 다음날 아침이 밝자마자 동물병원에 가서 어젯밤의 일을 설명했다. 그때까지도 나는 충격이 가시지 않아 횡설수설했는데, 원장 선생님은 별일 아니라는 듯 태연하게 웃으며 말씀하셨다.

"강아지가 자기 대변을 먹는 일은 자주 있는 일이에요. 뭐 여러 가지 이유가 있을 수 있는데, 욕구불만이나 배고픔, 호기심 등의 이유예요. 밤비가 대변을 먹지 않게끔 도와드릴 테니 너무 걱정 마세요."

선생님께서는 응급처방으로 강아지들이 싫어하는 약을 주셨다. 앞으로도 밤비가 대변을 먹는 행동이 반복이 되면 그 약을 응가에 살짝 뿌리라고 하셨다. 그 뒤로도 '먹는' 밤비와 '감시하는' 엄마의 전쟁은 계속되었다. 밤비가 행여 또 응가를 먹을까 귀를 쫑긋 세우고 있었다. 내 귀는 점점 소머즈 귀가 되어갔다. 잠결에 작은 소리만 들려도 벌떡 일어나 밤비를 감시하고 밤비의 응가를 재빨리 치우는 '응가와의 전쟁'은 몇 달간이나 계속되었다. 지금은 웃으며 이야기하는 추억이지만, 그때 당시엔 정말 힘든 시간들이었다.

"밤비야, 이제 제발 똥은 먹지 말자? 응? P.l.e.a.s.e!"

강아지가 대변을 먹어도 다그치지 마세요~

강아지를 처음 키우는 경우, 가장 놀라는 상황 중에 하나가 바로 강아지가 응가를 먹는 것(식분증, 호분증)이다. 강아지가 변에 관심을 보이고 먹으려 하는 이유는 여러 가지가 있다. 첫째 배가 고파서, 둘째 사료 등의 음식물이 완전히 소화되지 않은 상태로 배출되어서, 셋째 배변 행위에 대한 두려움이 있어서 그 흔적을 없애려고, 넷째 주인의 지나친 반응을 보고 관심을 얻으려고, 다섯째 심심해서 등으로 요약할 수 있다.

① 배가 고픈 경우
사료를 좀더 충분히 제공해주어 변에 대한 관심을 줄여주어야 한다.

② 사료가 완전히 소화되지 않은 상태로 배출된 경우
사료가 제대로 소화되지 않으면 배설물에서 사료 냄새가 나 강아지들이 영양을 보충하려 본능적으로 먹을 수도 있다. 내 강아지에게 적합한, 소화가 잘되는 사료를 선택해주는 것이 중요하다.

③ 배변 행위에 대한 두려움이 있는 경우
이전에 불안한 심리상태에서 배변을 본 적이 있거나, 배변 행위 후에 장소나 시기 등의 이유로 혼난 적이 있으면 그 불안감을 해소하기 위해서 변을 먹을 수 있다. 강아지가 배변을 볼 때 모른 척하고 있다가 변을 다 보면 아무런 언행도 보이지 말고 조용히 변만 치운 후 잘했다고 강아지를 칭찬해주자. 강아지가 변을 본 후에 보호자가 변을 치우고 자기를 예뻐해준다는 것을 알게 되면 변을 볼 때의 심리적인 불안감이 사라지고 변을 먹어 없애려는 행동을 자제하게 될 것이다.

④ 주인의 관심을 끌려는 경우

식분 행위를 보고 지나치게 흥분하여 혼을 내고 호들갑을 떠는 주인의 반응을 본 강아지가 재미를 느끼고 주인의 관심을 끌기 위해 계속하여 대변을 먹는 경우도 있다. 강아지가 배설물을 먹고 있다면 과민 반응을 하지 말고 말없이 배설물을 치워야 한다.

식분증을 해결하기 위해서 사료에 어떤 첨가물을 섞어서 먹인다든지, 변을 보면 변에 식초나 다른 이물 스프레이를 뿌려서 강아지가 싫어하게 만든다든지 하는 방법이 있다. 그러나 그런 경우 보호자가 방심한 틈을 타 또다시 변을 먹는 강아지들의 사례를 쉽게 접할 수 있었다. 그렇기에 강아지가 변을 못 먹게 하는 가장 손쉽고 간단한 해결법은 강아지가 변을 보면 '바로 치워주는 것'이다.

효과적인 배변 훈련방법

배변 훈련 준비물 펜스와 강아지용 용변 패드.

① 펜스를 집에서 눈에 잘 띄는 벽 쪽에 붙여 공간을 만들어 설치한다. 공간 한편에는 용변 패드를 깔고 다른 쪽에는 강아지 밥그릇, 물그릇, 장난감 등을 놓는다. 강아지에게 공간을 구분, 구별해서 사용할 수 있게 하는 능력을 만들어주는 것인데, 전체적인 공간이 너무 넓어지면 어린 강아지에게 학습효과가 떨어지기 때문에 공간을 펜스 안으로 제한하는 것.

② 배설할 조짐이 보이면 강아지를 패드 위로 유인한다. 강아지는 '본능적으로' 자신이 발을 디디고 있는 바닥과 다른 공간의 바닥에 용변을 보아 자신의 체취를 남기려고 한다. 그래서 패드를 이용할 수 있는 것이다.

③ 배변할 때에 '응가' '끙아' 등 강아지가 알아듣기 쉬운 반복적인 신호를 들려준다. 이렇게 습관이 되면 외출했을 때에도 특정 장소에서 배변을 유도할 수 있다.

④ 시트 위에서 배설을 잘했다면 충분히 칭찬해준다. 만약 시트 밖이나 엉뚱한 곳에 배변을 하더라도 혼내지 않고 칭찬한다. 혼을 내면, 배설 행위 자체를 잘못된 행위로 생각하게 되어 변을 참거나 몰래 숨어서 변을 볼 수도 있다.

앗, 위험한 알레르기!

6월이 넘어서면 낮에 아이들과 산책하기가 힘들다. 밤비와 부의 특성 때문이다. 우리 아이들은 견종의 특성상 다리가 짧아서 다른 개들에 비해 지면의 열을 몇 배나 더 받는다. 그래서 여름이면 해가 진 후에 산책을 하곤 한다.

문제의 그날도 평소와 다름없이 집 근처에 산책을 하려고 나갔다. 빌라들을 지나 가로수를 따라 걸었다. 산책을 마치고 오는 길엔 다시 빌라들 사이를 지그재그로 돌아 집으로 돌아왔다. 집에 와서 애들을 수건으로 닦아주고 물을 먹였다. 평소와 다름없이 놀다가 잠이 들었는데, 그날은 나도 유독 피곤해서 빨리 잠들었다.

얼마쯤 지났을까? 부가 평소와 다르게 계속 짖으며 나를 깨웠다.

"부! 쫌! 자! 엄마, 피곤해."

피곤했던 탓에 부에게 짜증을 내고 다시 잠들어버렸다. 그냥 심심해서 짖는 거라고 가볍게 넘겼던 것이다. 한참을 자다가 깨어났는데, 멀리서 어렴풋이 토하는 소리가 들렸다. 불길한 마음이 들었다. 서둘러 거실로 나가 불을 켜보니 바닥이 온통 토한 자국들로 가득했다. 부였다. 그렇게 많은 토를 하고도, 부는 계속 구토를 하고 있었다.

"아픈지도 모르고…… 미안해, 부야, 미안해."

급하게 부의 입을 닦아주고 바닥을 치웠다. 그러곤 부를 다시 살펴보는데, 순간 울컥 눈물이 났다. 왼쪽 얼굴 전체가 벌에 쏘인 것처럼 퉁퉁 부어 있었다. 마음이 찢어질 것 같았다.

'부. 아파서 나를 깨운 거였구나. 알아달라고 신호를 보낸 거였구나. 부. 그런데 난 그것도 모르고 너한테 짜증만 내고 그냥 잤구나.'

결국 미안한 마음에 부를 안고 울었다. 부를 담요로 감싸 안고 병원으로 향하는 내내 하염없이 눈물이 흘렀다. 부를 안고 나가는 나를 뚫어지게 쳐다보고 있었던 밤비의 표정도 잊을 수가 없다. 병원을 가는 내내 겁이 나고 무서웠다. 자꾸만 눈물이 났다. 그 정신에 어떻게 운전을 해서 병원까지 갔는지 모르겠다. 해가 막 뜬 그 시간, 나는 혼자인 것 같았고 전부 내 잘못인 것 같아, 너무 무서웠다.

응급실로 올라가서 그날의 부의 증상을 설명하고 검진을 받았다. 벌레에 물린 것처럼 부은 얼굴 때문에 알레르기 주사를 맞았다. 엑스레이도 찍고 피검사도 했다. 검사 결과 이물질을 먹은 흔적은 없지만, 얼굴이 붓고, 여러 번의 구토로 인해 위와 비장이 부어 있고 탈수 증세를 보이고 있다고 했다.

부의 얼굴은 부인지 알아보기 힘들 만큼 부어 있었다. 탈수 증세를 막고 해독을 하기 위해 수액을 맞음으로써 응급처치가 끝났다. 수의사 선생님께서는 일단 입원 후에 더 지켜봐야 할 것 같다고 하셨다. 그때가 되서야 내 정신도 돌아왔다. 옆에 내가 있으면 부가 자꾸 움직여서 결국 부를 케이지에 넣고 밖으로 나섰다. 우는 부를 뒤로하고 집에 오려니 마음이 더 아팠다.

집에 와보니 집이 완전 난장판이었다. 밤비가 어릴 때 말고는 그런 적이 없었는데 갑자기 두루마리 휴지를 한 통을 다 찢어놓았다. 밤비도 아까의 상황에 스트레스가 심했나보다. 밤비를 혼내는 대신 안아주었다.

"밤비야, 부는 괜찮아, 괜찮아질 거야. 엄마가 미안, 엄마가 잘못했어."

멍하니 있는데 몇 시간 뒤에 병원에서 전화가 왔다.

"얼굴에 붓기도 가라앉았고 구토도 증상도 없었어요. 다만, 아직은 위와 비장이 부어 있기 때문에 진정시킨 후에 지켜봐야 할 것 같습니다."

부가 없어서 그런지 밤비는 종일 장난감을 가지고 놀지도 않고 축 처져 있었다. 저녁엔 밤비를 데리고 부를 보러갔다. 부는 몸이 많이 좋아졌는지 밝은 모습으로 나와 밤비를 반겼다. 하루 더 금식하며 지켜보는 게 좋다고 해서서 부는 다음날에야 집으로 돌아올 수 있었다. 병원 생활이 힘들었는지 부는 집에 돌아온 뒤에 내내 자고 일어나서, 다행히 활기도 찾고 밥도 잘 먹었다. 어찌나 예쁘던지. 종일 답답했을 부를 위해 바람이라도 쐬어줄 겸 밤비까지 셋이서 집 앞 산책을 나갔다. 컨디션이 걱정되기도 해서 10분 정도만 가볍게 걷고 집에 돌아왔다. 부도 밤비도 신나 보였다. 애들을 닦아주고 나도 샤워를 하고 나왔다.

그런데…… 맙소사!

부의 얼굴이 다시 부어 있었다. 산책 후 30~40분 후의 일이다. 결국 또다시 새벽에 부를 안고 병원으로 갔다. 난 거의 정신이 나가 있었는데, 부의 상태를 보신 선생님께서는 침착하게 산책 코스와 주변 환경을 물으셨다. 산책로는 집 근처의 자주 걷는 길. 평소와 다른 점도 없었던 것 같다. 그런데, 한참을 생각해보니 최근 집 주변에 빌라를 증축하는 공사 현장이 많아졌다는 사실이 떠올랐다!

"아마 그 영향 같아요. 사람이 먼지 등으로 여러 가지 알레르기를 일으키는 것처럼, 공사장의 각종 자재와 먼지들로 인해서 알레르기가 일어난 것 같습니다. 당분간 그 주변 산책을 금지하고, 이후엔 산책로도 다른 곳으로 바꿔주세요."

부는 또 알레르기 주사를 맞고 집으로 돌아왔다. 다행히도 신기하게 두세 시간 후 붓기가 가라앉았다. 정말이지 이틀 연속으로 천국과 지옥을 오고 갔다. 며칠간 부의 산책을 쉬고 며칠 뒤 남산으로 산책로를 옮겼더니 다행히 아무런 알레르기 반응도 일어나지 않았다.

이 엄청난 사건으로 나는 사람에게 아무렇지 않은 것이라도 가볍게 넘어가면 안 된다는 사실을 배웠다. 사람에겐 문제가 되지 않는 주변 환경이 강아지들에겐 치명적인 위협이 될 수 있다. 반려견과 사람이 가족이 된다는 것은, 강아지가 사람보다 못한 존재라는 생각과 사람과 강아지가 서로 소통할 수 없다는 편견에서 벗어나는 것이지만, 동시에 사람과 강아지의 종의 특성을 바르게 알고, 엄연히 다른 점이 있음을 이해하고 배려하는 것이기도 하다.

"천사같은 우리 부,
다신 아프지 말자."

강아지의 알레르기, 원인이 뭘까?

주위 환경, 유전적 요인, 식생활 등이 주요 원인이 되어 알레르기를 일으킬 수 있다.

① 담배 연기, 먼지, 꽃가루 등 공기 중에 섞여 있는 유해물질 혹은 카펫과 매트, 옷처럼 몸에 닿는 물건 등 주위 환경이 원인이 된다. 산책을 마친 후에는 몸을 닦아주어 핥지 않게끔 한다. 만약 산책중에 상처를 입은 부위가 있는데 개가 반복해서 핥는다면 세균, 침의 수분이 들어가 염증을 더 심하게 만들 수 있기 때문이다.

② 피부가 약한 코카 스파니엘, 주름이 많아 피부 염증이 많은 퍼그와 불독 등의 견종은 유전적 특성에 따라 특정 알레르기가 있을 수 있다.

③ 강아지마다 신체 특성이 다르기 때문에 어떤 강아지에게 맞는 사료가 특정 강아지에게 맞지 않는 경우도 있다. 몸에 맞지 않는 음식을 먹는 경우 알레르기의 원인이 된다.

Kim 원장님's Tip 21

아프다는 사실을 숨기는 것이 동물의 본능. 정기적인 검진을 받자!

병원을 방문했을 때 사람과 동물의 가장 큰 차이점은 바로 '자발성'이다. 사람은 아프면 주변에 아픔을 알리고 자발적으로 병원을 찾아가지만, 동물들은 본능으로 인해 '아픈 것을 숨기려' 한다. 만약 야생에서 동물들이 아프다고 표현하고 다니면 주변 동물들에게 따돌림이나 괴롭힘을 당하고 금세 먹이사슬 위에 있는 동물들에게 잡아먹히고 말기 때문. 이처럼 동물은 몸에 이상이 있을 시 우선 숨긴다. 자기 보호본능인 것이다.

그래서 보호자가 내 강아지의 아픔이나 병을 일찍 발견하기가 어려울 때도 있다. 앞의 팁에서처럼 강아지에 대한 세심한 관찰과 건강 관리를 평소에 해주어야 하는 이유이기도 하다. 가장 쉽게 내 강아지의 건강을 관리할 수 있는 방법은 바로 '예방접종'과 '건강검진'. 물론 예방접종이 강아지의 모든 질병들을 다 막아줄 수 있는 것은 절대 아니지만, 강아지에게 위험하고 발병 빈도수가 상대적으로 높은 질병들을 예방접종을 통해서 막을 수 있다.

① 예방접종

강아지들의 예방접종은 각 병원이나 제약회사의 접종 예방약에 따라 조금씩 차이가 있다. 일반적으로 6~8주령의 강아지들에게 기초 접종이 시작된다. 2주 간격으로 5차에 걸쳐서 진행. 홍역, 파보바이러스 장염, 간염 등을 예방할 수 있는 종합예방접종 DHPPL, 코로나 Corona 장염, 전염성 기관지염, 광견병 등의 예방약을 접종하게 된다. 이렇게 기초 접종이 끝나면 항체검사를 통해 접종을 잘 맞았고 내 강아지의 몸속에 전염병을 막을 수 있는 항체가 건강하게 잘 생성되었는지를 확인할 수 있다. 그 후에는 1년에 1회씩 추가접종을 하면 된다. 이와 더불어 3개월령부터는 한 달에 한 번씩 심장사상충 예방약을 구충하게 된다.

② 건강검진

육안상의 신체상황을 체크하여 피모나 치아 등의 이상상태를 확인하고, 피를 뽑아 혈액검사를 통해 장기나 조직들의 건강상태를 확인하게 되고, 방사선 및 초음파 검사를 통해 몸 안에는 어떤 이상은 없는지를 확인하게 된다. 또한 간단한 검사를 통해 신경 및 운동능력은 건강한지 확인할 수 있다. 정기적으로 건강상태를 확인하는 건강검진을 통해 우리 강아지를 오래 살게 할 수 있다.

사람들이 해마다 건강검진을 받는 것처럼 강아지들도 1년에 한 번 정도는 건강검진을 받는 것이 좋지만, '강아지에게 매년 건강검진을 해주는 건 좀 오버 아닌가?' 하고 생각하는 분들도 있다. 하지만 개의 인생 시간과 사람의 인생 시간이 다르다는 사실을 기억해야만 한다. 개의 시간은 사람의 약 4배 속도로 흘러가기 때문에 1년에 한 번 검사를 받는 것은 사람으로 쳤을 때 4년에 한 번 검사를 받는 것과 같다. 소중한 우리 강아지에게 1년에 한 번씩은 생일선물로 건강검진을 선물해보는 건 어떨까?

먹고 싶어도 참아,
너를 위해서야

초콜릿! 그 달콤함 때문에 내가 가장 즐겨 먹는 간식이다. 피로가 몰려오거나 당분이 떨어지는 기분이 들면 우유랑 초콜릿을 함께 먹는다. 그 절묘한 조화~^^* 하지만! 이른바 '초콜릿 사건' 이후에는 한동안 초콜릿의 존재가 싫어졌다. 밤비와 부를 키우면서 제일 놀라고, 많이 울고, 혼란스러웠던 시간.

초.콜.릿. 사.건.

사건의 발단은 이렇다. 어느 날 초콜릿을 종류별로 다양하게 선물 받았다. 얼마 후 지인 중 한 명이 집으로 놀러 와 한참 수다를 떨다가, 사람들과 나누어 먹으려고 챙겨둔 초콜릿이 생각나서 꺼내왔다. 초콜릿을 먹으며 이야기를 하다 보니 시간이 금방 흘렀다. 밖에서 볼일이 있었던 나는 서둘러 집을 나섰다. 여기까지는 정말 그냥 평범한 일상이었다.

하지만 비극은 내가 집으로 돌아온 후에 모습을 드러냈다. 외출한 지 한 시간 정도 지났을까? 집에 들어서는데 아무래도 기분이 이상했다. 평소라면 내 발소리가 들리자마자 짖기 시작했을 아이들이, 문을 열고 들어가도 반응이 없었다.

'무슨 일이 생긴 건가······'

걱정스러운 마음에 큰 소리로 밤비와 부를 불러댔다. 다행히 내 앞에 나타난 아이들은 평소와 다름없이 나를 반겨주었고, 나 또한 평소와 같이 아이들을 대했다.

'휴······ 다행이다, 아무 일도 없었구나.'

두둥!!! 아무 일 없었다고 생각하던 그 순간. 나는 거실 바닥에 떨어져 있는 박스 두 개를 발견했다. 설마. 그야말로 설마 하며 그 박스를 집어 들었는데, 초콜릿이 들어 있던 바로 그 박스였다. 초콜릿! 그런데 어찌된 일인지 박스만 덩그러니 있고 초콜릿은 흔적도 없이 사라진 것이 아닌가? 그때부턴 정말 심장이 터질 듯이 두근두근 뛰기 시작했다.

강아지를 키운 지 5년. 그 사이 강아지들의 건강 상식에 대한 많은 이야기를 접해왔다. 그리고 강아지들이 먹어서는 안 되는 3대 음식에 초콜릿도 포함된다는 사실이 머리를 스치고 지나갔다. 맙소사. 시계를 보니 열두시가 조금 넘어 있었다. 어떻게 해야 하나 걱정만 앞서고 머리가 새하얘졌다. 결국 급한 마음에 병원에 전화를 걸었다.

의사 선생님께 상황을 설명하고 어떻게 하면 좋을지 조언을 구했다. 하지만 돌아온 대답은 우리 아이들이 먹은 초콜릿이 한두 알도 아닌 두 박스였기 때문에 빨리 병원에 데리고 오는 편이 좋겠다는 것이었다. 무서웠다. 막상 병원으로 출발하려니 무서운 생각들만 자꾸 났다. 인터넷을 찾아보니 강아지가 초콜릿을 먹는 경우 치사율이 높다는 정보들

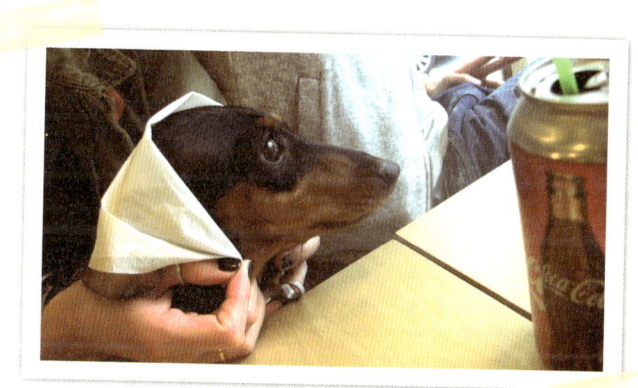

만 가득했다. 이야기 들었던 것만큼 위험하지는 않길 바라며 검색했던 건데, 오히려 더 두려워졌다.

급하게 정은 언니에게 전화를 걸었다. 사실 뭐라고 말을 했는지는 잘 기억나지 않는다. 애들이 위급하니 도와달라는 간절한 마음만 기억이 난다. 애들을 데리고 주차장으로 내려가니 그 사이 언니가 주차장에 도착해 있었다. 병원까지 가는 길엔 손이 덜덜 떨렸다. 몸이 너무 떨려서 핸들을 돌리는 것조차 힘들었다.

'왜 밖에 나가가지고. 초콜릿이 위험한 줄 뻔히 알면서, 제대로 치워 놓지도 않고……'

병원에 도착하자마자 아이들은 위세척을 받으러 들어갔다. 그 순간 내가 애들에게 해줄 수 있는 건 아무것도 없었다. 그저 대기실에서 기다리는 일뿐. 한 시간이 지나고 또 두 시간이 지나서야 애들을 볼 수 있었다.

"강아지들이 초콜릿은 먹은 후 열두 시간이 제일 위험해요. 밤비와 부는 일단 좀더 지켜봐야 할 것 같고요. 내일 아침에 전화 드리겠습니다."

선생님 말씀에 의하면, 밤비와 부는 엄청난 양의 초콜릿을 토해냈다고 한다. 생각보다 너무 많은 양을 먹은 것 같다고 하셨다. 강아지는 사람과 달리 초콜릿의 특정 성분을 분해하는 요소가 없어서 치명적이라는 설명을 덧붙여주셨다. 물론 내 주변 사람들이 키우는 강아지나 병원을 방문하는 강아지들 중에 초콜릿을 먹고도 아무 이상이 없었다는 경우도 보았지만, 밤비와 부는 너무 많은 양을 먹었기 때문에 위세척이라는 응급처치를 받은 것이었다.

여전히 내가 해줄 수 있는 건 없고, 응급상황 역시 지나갔지만 아이들이 계속 토를 하는 모습을 보니 도저히 발길이 떨어지지 않았다. 그렇게 시간이 흘러 새벽 두시가 넘었다. 너무 지치기도 했고 자꾸 정신이 빠져나가는 듯해 집으로 돌아왔다.

텅 빈 집에 앉아 있으니 오히려 아이들의 모습이 더 선명해지고 내 행동들이 떠올랐다. 애들이 초콜릿을 먹게 된 건 결국 다 내 불찰 때문이다. 내가 아무 생각 없이 식탁 위에 초콜릿 상자를 올려놓은 채로 외출을 했던 것이 원인이다. 이런 일이 생길 줄은 정말 상상도 못했다.

잠이 오지 않았다. 죄책감과 미안함에 한참을 뒤척였다. 그러다 깜박 잠들었는지 전화벨 소리에 잠이 깼다. 병원에서 온 전화였다.

"밤비랑 부 어때요?!"

"그 뒤에도 몇 번 더 토를 했는데, 지금은 수액을 맞으면서 안정중이에요. 위험한 시기는 넘겼으니 너무 걱정 마세요. 괜찮을 거예요."

'괜찮다'는 그 한마디가 참으로 크게 느껴졌다. 돌봐주신 선생님께도 고맙고 잘 버텨준 애들에게도 고마웠다. 그리고 늦은 밤에도 애들

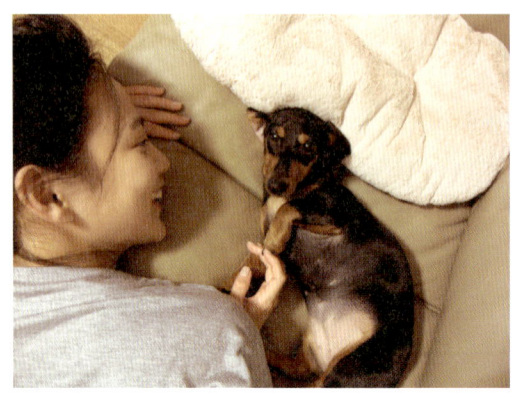

일이라면 언제나 달려와주는 정은 언니에게도 이 글을 통해 고마움을 전한다. (언니…… 늘 고마워~ 🧡)

그날 나는 밤비와 부가 내게 얼마나 큰 존재인지를 다시 한번 느꼈다. 아이들이 내 곁을 떠날 수 있다는 상상만으로도 세상이 무너지는 것 같은 절망감이 밀려왔다. 만약 밤비와 부 중 하나라도 잘못됐다면, 내가 과연 견딜 수 있었을까. 그런 생각은 하기도 싫지만, 아마 아주 오랫동안 아프고, 또 아팠을 것 같다. 아이들은 씩씩하게 집으로 돌아왔지만, 한번 초콜릿의 달콤함을 맛본 아이들은 다시 초콜릿을 먹으려 할 수 있으니 주의해야 한다는 조언을 들었다. 그러니 초콜릿은 아주아주 멀리! 높은 곳에 두라고!!

내가 먹을 땐 맛있는데…… 우리 강아지에게 먹여도 될까?

수의사로 일하며 가장 많이 받는 질문이 바로 "이거 먹여도 돼요?"다. 밤비와 부의 초콜릿 사건은 그야말로 사고였지만, 사람이 사고를 만들어내는 경우도 있다. '이거 먹을래?' 하고 사람이 먹던 걸 권하는 경우가 그렇다. 견과류, 생선이나 과일을 먹여도 되냐고도 자주 묻는다. 그렇게 묻는 분들께 딱 한 가지 기본 원칙만 세워드리고 싶다.
'먹어도 되나 안 되나 고민될 때는 먹이지 마라!'
사람에게도 모든 음식이 약이 되는 것이 아니라 때로는 독이 되듯이 강아지의 경우도 먹을 수 있는 음식과 그렇지 않은, 먹었을 때 강아지에게 해가 될 수 있는 음식들이 있다.

개에게 특히 더 위험한 음식물

① **초콜릿** 강아지들이 먹었을 때 가장 치명적인 음식물. 카페인Caffein, 테오브로민Theobromine이라는 성분이 구토, 설사, 발작, 경련, 부정맥 등을 일으킨다. 심장과 신경계에 중독을 일으켜 생명에 위협을 받기도 한다.

② **파 종류(양파, 마늘, 파, 부추)** 사람에게는 이롭지만 개에게는 참 위험한 식품. 파 종류에는 알릴 프로필 다이설파이드Allyl Propyl Disulfide라는 성분이 함유되어 있는데, 사람에게는 문제가 되지 않지만 개의 몸속에서는 적혈구를 파괴하기 때문이다.

③ **포도, 건포도** 포도는 그 자체로 개에게 위험하다. 신장에 독성이 나타나 수시간 이내에 구토와 설사 증상을 보이고, 치료하지 않으면 신부전 증상을 보여 사망한다. 건포도는 포도보다 크기가 작고 성분이 농축되어 있어 독성이 훨씬 강하다. 또 부피가 줄어든 건포도를 대량으로 섭취하면 체내에서 부풀어 오르고 한 번에 다량의 독성을 섭취하게 되기에 훨씬 위험하다.

④ **자일리톨 식품** 개가 자일리톨을 섭취하는 경우 저혈당 유발로 간에 손상을 입는다. 간장독성이 있어 발작, 쇼크 등을 일으켜 죽을 수도 있다.

그밖에 피해야 할 음식들
① **알코올** 과도하게 흥분하거나 혼수상태를 일으킬 수 있다.
② **큰 생선 뼈, 닭 뼈 등** 개는 강력한 위산으로 뼈를 녹일 수 있지만, 뼈의 날카로운 부분이 식도나 소화기에 손상을 준다면, 세균에 감염되어 급성복막염으로 단시간에 죽을 수도 있다.
③ **고양이용 음식** 높은 단백질과 지방 성분에 의해 소화기장애를 일으킬 수 있다.
④ **족발, 튀김 등의 기름기 많은 음식** 혈변, 구토 등을 동반한 대장염이나 췌장염의 원인이 될 수 있다.
⑤ **마카다미아** 소화계, 신경계, 근육 등에 중독을 일으킬 수 있다.
⑥ **우유와 같은 유제품** 강아지는 유당분해효소가 부족하여 설사나 알레르기가 발생할 수 있다.
⑦ **건어물, 어패류** 잘 소화되지 않고 소화기 내에서 정체하여 부패하거나 소화불량을 일으킬 수 있다.
⑧ **햄과 같은 가공식품** 엄청난 양의 염분이 들어 있어 위험하다.

무엇보다 중요한 건, 사료 중심의 식습관을 만들어줘야 한다는 것! 먹여도 되는지 안 되는지 고민될 때에 정답은 무조건 안 먹이는 것이다. 다시 한번 강조.
"먹여도 되나 안 되나 고민될 때는 먹이지 마라!"

우리 강아지, 갑자기 아플 때 사람약을 먹여도 될까?

① 사람 약은 금물!

종종 사람이 먹는 약을 개에게 먹이는 경우를 본다. 기본적으로 '약'이라는 것은 성분이 아주 다르지는 않다. 하지만 그렇기에 더 조심해서 써야만 한다. 똑같은 성분, 똑같은 효능의 약이라고 해도 사람과 강아지는 기본 체중이 다르기 때문에 먹는 양에서 문제가 발생한다. 한 번에 먹어야 하는 용량이 다른 것이다. 50킬로그램의 사람이 먹는 큰 알약을 5킬로그램인 강아지에게 먹인다면 10배 용량으로 작용한다. 과다복용으로 강아지의 신체에 예민한 반응이 올 수도 있는 것이다. 체중이 적게 나가는 강아지에게 사람의 약을 주는 것은 치명적인 위험이 될 수도 있다! 원칙적으로는 사람 약을 강아지 약으로 적용시키는 것은 금물!

② 밴드도 위험!

또 쉽게 범하는 실수는 강아지에게 밴드를 붙여주는 것이다. 강아지 피부에 상처가 났다고 밴드를 붙이면, 밴드의 접착면이 털에 엉겨 붙어서 떨어지지 않는다. 시간이 지날수록 털이 계속 접착면 쪽으로 쏠려가고 결국은 밴드가 피부를 들어 올려서 피부가 괴사되어버린다.

③ 응급약품만큼 위생용품도 철저히!
소독약이나 멸균거즈 등 간단한 응급처치 약품을 챙겨두는 것도 중요하지만, 가장 중요한 건 강아지의 위생을 관리하는 빗, 샴푸, 보습 스프레이 등을 제대로 준비하는 것. 피부에 대한 상비약을 가지고 있는 것보다 매일매일 빗질을 해주며 피부를 확인해주는 게 낫다는 뜻이다. 매일 살펴주지도 않으면서 피부약만 구비해두고 있는 건 피부병이 생기기만을 기다리는 꼴이 되는 셈. 게다가 주인이 아픈 걸 발견할 정도의 상태라면 섣불리 치료하려들지 말고 병원에 데리고 오는 편이 더 낫다. 가까운 동물병원이나 야간진료를 하는 동물병원의 전화번호는 미리미리 알아두는 것도 중요.

세 번째
―――
이 야 기

내가
뭘 잘못했니,
화난 거야……?

: 내 강아지의 마음상태 체크하기

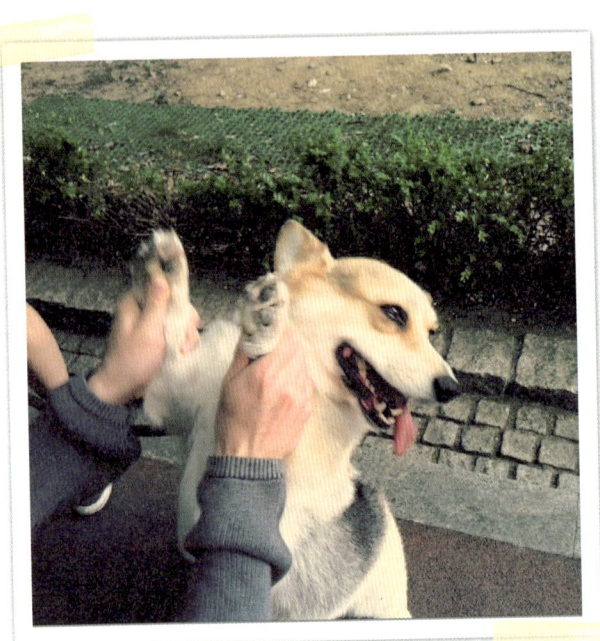

반항하는 거야?
갑자기 왜 이렇게 짖어?

반려견과 함께 사는 친구 집에 놀러 갔을 때의 일이다. '봄'이라는 이름의 애플푸들과 '꽃순이'라는 이름의 몰티즈가 처음 만나는 나를 격하게 반겼다. 애교도 많고 싹싹한 성격인지 낯선 사람에게도 금방 마음을 트는 것 같았다. 아이들 재롱에, 수다에 시간 가는 줄 모르던 그때, 갑자기 두 녀석이 맹렬히 짖기 시작했다.

"왈왈."

"크르릉~ 멍멍."

잘 놀던 아이들이 짖어대니 영문을 몰라 당황하는 나와 달리, 친구는 '또야?'라는 표정을 지으며, 한쪽에 세워둔 신문지 막대를 가져와서는 아이들을 혼내기 시작했다.

"누가 짖으래? 이렇게 계속 시끄럽게 짖을래?"

한두 번 있었던 일이 아닌 것 같았다. 사연을 들어보니, 봄이를 아기 때부터 4년 정도 키웠는데 우연히 동물병원에서 유기견인 꽃순이를 발견하고 몇 개월 전 집에 데려왔다고 했다. 봄이와 꽃순이 사이에 딱히 불화가 있진 않았지만, 그렇다고 서로 친하게 지내지도 않는 상황. 그런데 문제는 예전에는 잘 짖지 않았던 봄이가 꽃순이가 온 후부터 하루에도 수십 번씩 짖기 시작했다는 것이다. 밖에서 사람 발걸음 소리나 대화 소리가 들려도 왈왈, 전화벨이 울려도 왈왈, 친구가 앉아 있다가 일어나도 왈왈, 조금이라도 누군가의 기척이 있으면 어김없이 짖는단다. 봄이가 짖으면 꽃순이가 따라 짖고, 그러면 봄이는 더 크게 짖고…….

어차피 길게 짖는 것은 아니어서 잠깐의 소음이야 참을 수 있지만, 문제는 이웃들의 항의. 개를 키우는 것까진 좋지만, 너무 시끄러운 것 아니냐는 항의가 들어온다고 했다.

"짖지 말라고 하면, 더 크게 짖는 것 같아. 반항하는 것도 아니고…… 아무래도 서로 경쟁심에 그러는 것 같긴 한데……"

"흐음~ 어쩌니……"

"나야 내 새끼들이니 힘들 거야 없지만, 주변 눈치가 보여서. 이러다 시끄러워서 안 되겠다는 민원이라도 들어올까 싶어 매일 조마조마해.

이런 내 마음도 모르고, 진짜……"

이야기 끝에 눈물까지 비치는 친구를 보며, 내 마음도 아팠다. 그 걱정이 무엇인지 충분히 알 수 있을 것 같았기 때문이다.

밤비와 부의 경우엔 다행히 심하게 짖는 일이 별로 없어 겪지 못한 고충이긴 하다. 하지만 아이들이 내 뜻과는 다르게 행동할 때, 지금이 어떤 상황인지 설명해줄 수도 없고, 또 왜 그러는 건지 알 수도 없을 때의 답답함만은 알 것 같다.

또다른 친구는 베들링턴 테리어인 '오월이'라는 개를 키우는데, 사람을 좋아해도 너무 좋아하는 게 탈이다. 낯선 사람에 대한 경계심도 없고, 사람이라면 누구나 '사랑'해서 보는 즉시 얼굴을 핥고 다리에 매달린단다. 그러다 보니 집에 방문한 손님들이 곤혹스러워하는 상황도 왕왕 빚어진다. 특히 개를 좋아하지 않는 사람은 굉장히 불편해하고 불쾌한 기색을 내비치기도 한다고.

반려견과 함께 살아가는 일이 더욱 어려운 이유는, 단순히 나하고만 어울려 사는 것이 아니기 때문이다. 내 주변의 사람들, 내가 속한 사회의 사람들과 어떻게든 만나게 될 수밖에 없다. 동물을 좋아하는 사람들은 호의적으로 다가오지만, 동물을 싫어하거나 무서워하는 사람들은 경계심을 드러내기도 한다.

 결코 그들을 탓해서는 안 된다고 생각한다. 어떤 사람들은 동물을 보고 질색하는 사람을 보고 '매정한 사람'이라고 비난하지만, 그건 또 하나의 역차별인 것 같다. 내가 동물을 좋아하듯, 누군가는 동물이 싫을 수 있다. 동물을 싫어한다고 해서 무조건 동물을 배척하는 자세도 잘못이지만, 동물을 좋아한다고 해서 다른 사람에게도 애정을 강요하는 일 역시 잘못이 아닐까.

 그래서 나는 밤비, 부와 산책을 나갔을 때 주변 사람들과 일정한 거리를 두려고 노력한다. 서운하고 아쉬운 마음이야 어쩔 수 없지만, 누군가의 머릿속엔 다른 생각이 들 수도 있으니까 말이다. 반려견들과 진정 더불어 살기 위해선, 아이들에 대한 배려와 더불어 개를 싫어하는 사람들에 대한 이해도 필요할 것 같다.

 어쨌든 봄이랑 꽃순이, 이제 그만 좀 짖자~ 엄마가 많이 힘들대!

"밤비와 부는 다행히 잘 짖지'는' 않는다. 대신 다른 말썽들을…… 하지만 이렇게 예쁜걸!

개가 짖는 원인 찾기

개가 짖는 상황별 이유들

① 낯선 사람을 경계하여 짖는 경우
본능적으로 자신의 영역에 침범한 외부인을 쫓아내려는 행동이다. 초인종이 울릴 때 짖는 것도 낯선 누군가를 쫓으려는 행동이지만 가족과 손님을 반기기 위해 짖는 것일 수도 있다. 손님이 방문했을 때 계속해서 짖는다면 다른 방에 분리해두는 것이 좋다.

② 혼자 남겨졌을 때 불안과 공포를 표현하려 짖는 경우
원래 개는 집단생활을 하던 동물이라 보호자가 외출하면 두려워하고 외로워할 수 있다. 주인이 없어지는 것을 두려워하여 짖는 것이므로 외출할 때에는 강아지가 흥분하지 않게끔 조용히 나가는 것이 좋다.

③ 다른 개를 보고 짖는 경우
다른 개에게 공포심을 느껴 쫓으려고 짖는 것일 수 있고, 반가운 마음에 함께 놀자며 짖는 것일 수도 있다. 다른 개를 볼 때마다 심하게 짖는 개라면, 다른 개가 지나갈 때 말을 걸거나 간식을 보여주어 다른 쪽으로 시선을 돌리는 것이 좋다.

④ 주인이 밥을 먹을 때 식욕 때문에 짖는 경우
사람들이 밥을 먹고 있으면 강아지도 먹고 싶다는 의사표현으로 짖을 때가 있다. 하지만 사람의 음식물은 염분이 많으므로 주지 않아야 한다. 짖는 동안은 철저히 무시하고, 짖지 않으면 식사를 다 마치고 먹이를 주며 칭찬한다.

짖는 소리별 원인 분석

① 고음 없이 중음으로 한두 번 날카롭고 짧게 짖는다

전형적인 인사의 방식. 보호자가 나갔다 들어올 때 이런 소리로 맞는 경우가 많다. 방문자가 잘 아는 상대임을 나타낸다.

② 길게 계속 짖다가 긴 시간을 둔 후 다시 계속 짖는다

갇혀 있거나 오랫동안 혼자 있게 되었을 때 외로움을 표현하는 소리이다.

③ 계속해서 여러 번 중음으로 짖는다

아주 기본적인 경고의 신호. 개가 방문자의 접근을 느끼고 흥분한 상태이다.

④ 낮은 음정으로 느리게 계속해서 짖는다

침입자, 위험이 가까워져 문제가 심각함을 느낀 상태이다.

⑤ 중고음으로 한 번 날카롭고 짧게 짖는다

놀라움을 나타내는 소리이다. 이런 소리를 몇 번 반복한다면 낯선 것에 대한 호기심을 느끼고 있다는 뜻이다.

엄마, 나가야지……
조금만 참고 기다려

나에겐 오빠가 한 명 있다. 어린 시절을 되돌아보면 집에는 늘 오빠와 나 둘뿐이었다. 부모님이 바쁘셨기 때문이다. 나와 두 살 터울인 오빠가 초등학교에 다니기 시작했을 땐, 오빠가 하교할 시간 무렵 학교 운동장에서 오빠를 기다려 함께 집으로 돌아오곤 했다. 그 시절엔 그 기다림 자체가 즐거움이었다.

고등학생이 될 때까지도 오빠와 나는 늘 함께 즐거운 시간을 보냈다. 무협 만화를 빌려서 한참을 읽다가 오빠가 끓여주는 라면을 먹는 소소한 행복이 가득했다. 부모님이 집을 비우셔도 오빠가 있어 외롭지 않았다. 나는 오빠가 있어서 참 좋았다.

가족, 그중에서도 형제는 그런 존재인 것 같다. 다른 사람들에게는

쉽게 털어놓기 힘든 가족의 내밀한 이야기까지 털어놓을 수 있는 대상. 누구보다 더 편하게, 많은 것을 기대해도 미안하지 않은 상대. 내게 오빠가 있었기에 어렵고 아픈 시간들도 씩씩하게 견뎌낼 수 있지 않았을까.

밤비에게 부라는 형제를 만들어준 이유도, 오빠가 내게 준 심리적 안정감의 기억이 컸기 때문인 것 같다.

'우리 예쁜 강아지를 어떻게 집에 혼자 두고 나가지?'

반려견을 키우는 사람이라면 누구나 한번쯤 느껴본 마음이 아닐까?

"아이들을 집에 두고 나올 때마다 발걸음이 떨어지지 않는 나는 이렇게 함께 일할 수 있는 기회가 참 소중하다."

나 또한 우리 바밤바(밤비의 애칭이다^^)를 두고 나가는 일이 참 힘들었다. 엄마가 외출하려 하면 세상에서 제일 귀여운 미소나 불쌍한 표정을 지으며 나가는 걸 방해하는 밤비!

내가 나올 때마다 집에 홀로 남겨질 밤비를 생각하면 늘 마음이 아팠다. 매력녀 밤비를 빨리 다시 만나고 싶어서, 행여 혼자 있는 사이에 사고라도 생기지 않을까 걱정이 되어서 늘 외출을 해도 빨리 집으로 돌아가고 싶었다. 하지만 밤비의 외로움을 나 혼자 채워주기에는 한계가 있었다. 그래서 선택한 방법이 형제를 만들어주는 것이었다.

밤비도 그럴 거라고 생각했다. 혼자 집에 있는 것보다는 동생과 함께 있는 것이 더 좋을 거라고. 둘이 함께라면 외롭지 않을 거라고. 그렇게 부와의 동행이 시작되었다. 두 마리의 반려견을 키우고 있는 지금도 역시 한 마리보다는 두 마리의 반려견을 키우는 것이 좋다고 주장한다. 밤비와 부가 서로의 일상을 채워줄 것이라 생각하면 마음 한편이 늘 따뜻하다. 밤비와 부는 때로는 엄마의 사랑을 독차지하기 위한 라이벌로, 때로는 엄마에게 간식을 얻어내기 위한 동맹으로, 상황에 따라 관계를 달리하면서, 잘 지내고 있다.

하지만! 반려견이 한 마리가 아닌 두 마리가 되면 그 귀엽고 절실한 눈망울 또한 두 배가 되어버린다. 집에서 나설 때마다 미안함도 두 배다. 내 직업의 특성상 아무래도 늘 일정이 불규칙하고 집에 있는 시간도 짧은 탓에 미안함은 또 배가 된다. 집에 있다고 해도 촬영을 마치고 돌아오면 피곤함이 한 번에 몰려와 아이들과 놀아주기가 어렵다.

    이렇듯 늘 미안한 마음이 가득한 탓에 외출할 때엔 아이들에게 보상을 해주어야 한다는 생각을 했던 것 같다. 자주 선택하게 되는 방법은 간식을 주는 것이었다. 나가기 전 간식으로 시선을 분산시키면 덜 낑낑거리기 때문에, 나는 그걸 보고 애들이 간식으로 위로를 받는다고만 생각했다. 그래서 나갈 때마다 간식을 주는 게 습관이 되어버렸는데, 밤비에게도 부에게도 '외출=간식' 이라는 공식이 세워진 것 같다.

    외출할 준비를 하고 있으면 밤비와 부는 간식통 앞에 앉아서 귀여움을 떨거나 산책할 때 쓰는 목줄 앞에 앉는다. 산책을 가려는 것이 아니었고, 또 어쩔 수 없이 나가야만 하는 상황에선 결국 또 간식을 주게 된다. 아이들이 원하지 않는 사이 나의 사고방식 때문에 아이들에게 불필요한 간식을 자꾸 섭취하는 안 좋은 습관이 생긴 것이다. 지금이라도 그 습관을 고쳐보려 노력중이지만, 사실 아직도 애들의 눈망울에 항복할 때가 더 많다.

    하지만 외출 때마다 데리고 나갈 수도 없고, 매번 간식을 주는 게 건강에 안 좋다고 생각이 들어 갑갑하기도 하다. 수의사 선생님께 조언을 구했더니, 가장 현실적인 방법은 '외출할 때 보상으로 간식을 준다'

라는 선택지를 아예 없애는 것이라고 하셨다. 역시나! '나갈 때 간식을 주고 가는 시대는 끝났구나. 엄마가 외출해도 나한테 아무것도 없으니 그냥 있어야겠구나' 싶게 만들어야 한단다. 한 가지 몰랐던 사실은, 외출할 때마다 굳이 간식을 주지 않더라도 주인이 쓰다듬고 칭찬해주면 개는 충분한 만족감을 얻을 수 있다는 것이다. 제때 제대로 된 사료를 먹는 것 이외의 불필요한 간식은 강아지들의 몸에 좋지 않을 수도 있으니, 미안한 마음에 간식을 주고 외출하지는 말라는 것.

내일부터라도 마음 단단히 먹고 외출을 해봐야지! 그런데 과연 내가 그 장화 신은 고양이처럼 애절하게 호소하는 눈빛을 이겨낼 수 있을까?

"그렇게 예쁘게 쳐다보면 엄마가 어떻게 나가니~"

혼자 집 볼 줄 아는 싹싹한 강아지 만들기

① 조용히 외출하자
아이들은 주인이 옷을 갈아입거나 가방을 챙기는 등의 행동만으로도 외출을 눈치챈다. 외출 준비를 할 때는 장난감을 주거나 잠시 다른 방에 두는 등 주위를 분산시킬 필요가 있다. 잠시의 이별이 안타까워 안아주거나 인사를 건네면 개는 주인이 나간다는 생각에 흥분하기 쉽다.

② 조용히 들어오자
외출할 때와 마찬가지로, 집에 돌아가서도 아이들과 반갑게 인사하거나 안아주는 행동은 자제하는 게 좋다. 주인이 나가든 들어오든 별다른 변화가 없다는 사실을 인지할 수 있도록 하기 위해서다. 아무리 꼬리를 흔드는 모습이 귀엽고 예뻐도, 집에 들어서는 순간은 잠시 모른 척하자. 시간이 지나고 일상복으로 갈아입은 뒤, 해후(?)의 정을 나눠도 늦지 않다.

③ 조금씩 떨어지는 훈련을 하자
주인에 대한 애착이 심해, 좀처럼 떨어지려고 하지 않는 강아지의 경우, 조금씩 떨어지는 훈련이 필요하다. 처음엔 5분, 다음엔 10분의 식으로 짧은 외출을 하면서 적응할 수 있는 시간을 주자.

부, 웃는 거야?
너의 마음을 알려줘~

누군가의 웃는 모습만큼 기분 좋은 표정이 또 있을까. 더욱이 그 웃음이 나로 인한 것이라면 기쁨은 행복으로 변하게 마련이다. 내가 누군가를 웃게 만들 수 있는 존재라는 행복.

신기하게도 부는 가끔 사람처럼 웃는다. 이빨을 모두 드러내며 활짝 짓는 미소. 그때마다 궁금해지곤 한다. 정말 기분이 좋아서 그리 환히 웃는 건지, 아니면 개의 어떤 표정인데 내가 웃는다고 착각하는 건지…… 물론 내 마음속에서는 기분이 좋아 웃는 걸로 결론을 내리긴 했다. 엄마와 함께하는 생활이 행복해서 웃는 거라고! (부, 맞지? 맞다고 얘기해줘~)

실제로 부는 기분이 좋은(정확히 말하면, 내 기준에서 기분이 좋을

"평소엔 별다른 표정이 없는 부,
하지만 가끔은
정말 환하게 웃는다."

것 같은) 순간에만 웃음을 보여준다. 간식을 먹은 뒤라든지, 나와 나란히 누워서 낮잠을 자고 일어난 직후라든지, 밤비와 신나게 산책을 다녀온 때 같은 경우들 말이다.

내 기분 탓인지 몰라도, 부의 미소를 보면 여전히 많이 부족하지만 그래도 내가 나쁜 엄마는 아니라는 생각에 괜히 벅차오른다. 처음 밤비와 부를 데려왔을 때만 해도 아무것도 몰라 우왕좌왕하는 부족한 엄마였는데…… 아이들이 큰 만큼 나도 조금은 노련해지고 성숙해진 것 같다.

반려견과 함께 사는 사람이라면, 누구나 아이들의 기분이 궁금하게 마련이다. 기분이 좋아 보일 때도 그렇지만, 우울하거나 화나 보일 때는 더욱 그렇다. 이 책의 감수를 맡아주신 치료멍멍의 김건호 원장님도, 처음 입양했던 강아지(유기견 시츄)가 성격이 별나서 자기를 귀찮게 하거나 불안감을 느끼면 선생님 손을 물기도 했다고 한다.

밤비와 부는 아직 그런 적이 없는데, 만약 그렇게 공격적인 모습을 보이면 정말 마음이 아플 것 같다. 혹시 나를 싫어하는 건 아닌지, 내가 아이를 화나게 만든 건 아닌지…… 그 속내를 알 수 없으니 혼자서 상상의 나래를 펼치며 한없이 우울해질 것 같다. 실제로 내 주변에도 강아지가 물거나 으르렁대며 이빨을 드러내는 등의 공격적인 행동을 보이는 경우가 있다. 원장님 설명에 따르면, 강아지의 생활환경이나 불안 심리 등의 배경이 있을 수 있다고 한다.

특히나 유기견을 입양한 경우라면 새로운 주인에게도 공격적인 모습을 보이는 경우를 종종 볼 수 있다고. 강아지의 과거 생활이 영향을 끼쳤기 때문이다. 아무래도 유기견이다 보니 불특정한 사람들로부터 해침을 당하거나 항상 생존에 대한 불안감을 가지고 살아왔을 것이고, 자기 자신을 보호하기 위해서 본능적으로 외부의 손길을 우선은 경계하게 되는 것이다. 이런 강아지들은 나중에 새 주인에게 입양된다 하더라도 마음을 열기까지 시간이 걸릴 뿐만 아니라 보호자에게도 여전히 경계심을 보이는 경우가 많다고 한다. 정말 가슴 아픈 일이다. 따뜻한 관심과 보호가 필요한 여린 아이들이, 사람들에게 버림받고 상처입으면서 공격적으로 변하다니……

결국 어떠한 상황에서나 공격적인 반응을 유도하게 되는 일련의 행동들이, 강아지에게는 위협감이나 불안감을 주는 자극이 되어 그에 대한 반응으로 공격적인 모습을 보이게 되는 것 같다. 선생님 설명을 빌리자면, 경험(자극)을 통한 학습(고통)을 하게 되어 그에 대한 반응(공격적인 행동)을 하게 되는 것이다. 이를 해결하기 위해서는 장시간 꾸준하게 따뜻한 손길과 사랑으로 강아지가 마음을 열 수 있도록 돕는 보호자의 노력이 필요하다. 우선 강아지가 불안감을 느낄 수 있는 행동

을 하지 않는 것이 시작이다. 즉, 자극을 주지 않는 것이다. 이러한 자극이 장시간 없어진다면 강아지도 나중에는 그 자극에 대한 반응의 기회가 없기 때문에 문제가 될 수 있는 행동들이 점차 줄어들 수 있다.

예를 들어 보호자가 만져주거나 안으려고 강아지의 얼굴 앞으로 손길을 내미는 경우, 물으려고 하는 공격적인 모습을 보이는 강아지들이 있다. 이럴 때는 되도록 보호자가 자꾸 강아지를 만지려 하거나 하는 등의 자극을 줄여준다. 만약 불가피하게 강아지를 안아야 한다면 얼굴 정면으로 손을 내미는 것이 아니라 강아지의 옆에 나란히 앉아서 등 너머로 손을 돌려 부드럽게 등과 배를 감싸 안으며 잡으면 강아지의 공격적인 반응이 훨씬 줄어들게 될 것이다.

강아지가 불안을 느끼게 되는 자극을 주지 말고 공격적인 행동을 보이지 않게 하는 배려심 있고 영리한 방법으로 강아지를 대하는 것이 현명한 보호자의 모습!

강아지의 몸짓언어 읽는 방법

똑바로 시선을 맞춘다
강아지들이 눈을 빤히 바라보는 것은 원래 공격 위협, 우위성의 표현, 무언가를 요구하는 상태이지만 주인이나 친한 사이의 상대의 눈을 바라보는 것은 좋아하는 마음을 드러내는 것일 수 있다. 반대로 상대의 시선을 피하는 것은 복종 혹은 공포를 나타내는 신호다.

코를 낼름 핥는다
강아지가 긴장하고 있는 상태. 코를 핥아 불안한 마음을 스스로 진정시킨다. 또 자세를 낮추고 앉아 상대가 자신의 냄새를 맡게 허락하거나 상대 개의 코를 자신의 코로 가볍게 건드린다면, 상대의 접근을 허용하고, 상대의 우위를 받아들인다는 표현이다.

이빨과 잇몸이 보이도록 입술이 올라가게 한다
공격의 의사가 강하다는 것을 보여준다. 이빨의 일부만 보인다면 불쾌감만 드러내며 참고 있는 것이지만, 코 위에 주름이 잡힐 만큼 이빨과 잇몸을 다 드러내고 있는 경우, 맹공격에 나설 준비가 되었다는 의미이므로 조심해야 한다.

귀가 바짝 서 있거나 귀를 약간 앞으로 기울인다
새로운 것을 보거나 예상 밖의 일이 벌어져 상황에 주목하며 주변 정보를 모으고 있다. 반대로 머리에 가깝게 바짝 귀를 뒤로 얹거나 뒤나 아래로 움직이는 것은 보통 불안하거나 마음에 들지 않는 상황, 상대를 진정시키려는 복종의 의미가 크다.

배를 보이고 눕는다
배를 보이고 누우면 상대가 다가와도 방어를 할 수 없기에 상대가 자신을 해치지 않을 것임을 알거나 상대에게 복종할 때 배를 보인다. 쓰다듬어달라고 응석 부리는 행동일 수도 있다.

고개를 갸우뚱거린다
강아지들은 청각이 아주 발달되어 있기 때문에 소리를 듣고 상황을 판단하기도 한다. 고개를 갸우뚱거리며 서 있는 것은 주인의 다음 말을 기다리거나 자신이 들은 소리를 제대로 듣고 판단하는 중이라는 뜻이다.

꼬리가 축 처져 있거나 뒷다리 사이로 말려든다
기분이 좋지 않거나 병에 걸렸다는 신호일 수 있다. 지배적인 사람이나 힘이 센 개를 앞에 두고 공포, 불쾌감 등을 느끼고 있을지도 모른다. 반대로 수평 이상 꼬리를 들고 있는 경우 주변 상황에 주목하거나 낯선 이를 위협하는 자신감과 우위의 표현이다.

몸을 크게 턴다
몸이 젖은 것이 아닌데 몸을 터는 것은 '공격할 의사가 없으니 진정하자'라는 마음의 표현이다. 성견의 경우 스트레스를 떨쳐낼 때 자주 몸을 턴다.

몸을 긁는다
불안감, 불쾌감 등에서 벗어나고자 뒷발로 몸을 긁으며 몸과 마음을 푼다.

혀를 내밀고 있다
앞서 말했듯 강아지들은 혀를 내밀어 침을 증발시켜 체온을 조절한다. 때문에 강아지가 혀를 내밀고 있을 때는 더위를 느끼고 있을 가능성이 크다. 하지만 혀를 내미는 이유가 꼭 체온 때문만은 아니다. 기분이 좋고 행복할 때 혀를 내밀고 있기도 한다.

힘없이 누워 흰자위를 많이 보이며 바라본다
'다가오지 마세요' 혹은 '건드리지 마세요' 등의 표현일 수 있다. 단순히 기분이 좋지 않거나 잠시 컨디션이 나쁜 것일 수도 있지만 몸이 아픈 건 아닌지 잘 살펴보아야 한다.

강아지의 눈물

모든 동물에게 눈물을 만들어내는 기관이 있지만, 주로 눈에 수분을 주어 청결을 유지하는 데에 사용된다. 하지만 최근 연구에 따르면 포유류의 대부분이 고통, 공포 등 감정이 극도로 고조되었을 때 눈물을 흘린다고 한다.

하품을 한다

졸린 것이 아니라면 스트레스를 받은 개가 스스로를 진정시키는 것 혹은 상대의 기분을 진정시키는 표현이다. 상대를 안심시켜 공격적인 태도를 거두게 하는 방법인데, 주인에게 혼이 날 때 강아지들이 하품을 하는 이유도 이 때문이다.

개의 꼬리

개는 꼬리의 위치나 형태, 움직이는 방법 등으로 자신의 감정을 표현하지만, 개의 꼬리는 원래 몸의 균형을 조정하기 위해 생겼다. 달리기를 하다 도중에 갑자기 방향 전환이 필요할 때 넘어지지 않게 해주는 것이 꼬리!

상대에 대한 도전 vs 복종

꼬리나 귀, 털을 곤두세우는 것은 자신의 몸을 더 크게 보이게 만드려는 행동이다. 자신을 크게 만들어 공격의 가능성을 드러낸다. 반대로 몸을 낮추어 자신을 작게 만들어 상대를 올려다보는 것은 복종의 의미이다.

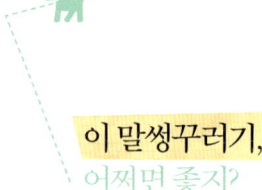

이 말썽꾸러기, 어쩌면 좋지?

가끔 생각한다. '우리 아이들은 천재가 아닐까?' 팔불출 엄마여서가 아니라 우리 아이들은 아마 정말 천재일 것이다. 얼마나 똑똑하기에, 이렇게 자신하느냐고 물으신다면 그저 눈물을 흘릴 수밖에……

밤비와 부가 천재인 건 분명하다. 엄마를 놀라게 하는 말썽을 쏙쏙 골라서 하는 말썽천재들!

아이들이 한두 살일 무렵은 장난기가 가득하고 호기심이 왕성했다. 우리 집 가구의 대부분은 원목인데 밤비는 그 원목을 신나게 씹곤 했다. 나는 아끼는 가구들이 빈티지로 재창조되는 모습을 지켜보아야 했다. (밤비야, 엄마가 빈티지 좋아하는 건 어떻게 알고ㅠㅠ)

밤비와 부 둘이서 합동 작전을 벌일 때도 있었다. 하루는 잠시 자리를 비웠다 돌아왔는데, 어디서 물어왔는지 휴지, 휴지, 방이 온통 찢긴 휴지로 가득했다. 흩날리는 휴지 쪼가리들을 치우며 "엄마 힘드니까 다시 또 휴지 찢으면 안 돼!" 하며 한풀이를 했지만 밤비와 부는 그 뒤로도 합동 휴지 퍼포먼스를 자주 보여주었다. 그래도 이건 시작에 불과했다.

나는 평소 운동화를 즐겨 신는다. 하지만 일을 하다 보니 다양한 신발들이 많이 필요했고, 그중에서도 특히 구두가 많이 필요했다. 발 사이즈가 너무 작아서 일반적인 사이즈만 있는 브랜드 대행사에는 내 발에 맞는 신발이 없었다. 촬영용으로도 신어야 하고 꼭 필요한 기본적인 구두들은 더 비싸지만 주문제작을 해서 샀었다. 그래 '샀었다'는 표현이 맞다. 그 신발들은 대부분 몇 번 신지도 못한 채 버려졌기 때문이다(ㅠㅠ). 말썽천재 밤비와 부 때문이다!

어떻게 아는 걸까? 밤비와 부는 많은 신발들 사이에서도 꼭 비싼 신발들만 골라 아주 다이나믹하게 씹어놓는다. 구두를 망가뜨렸다고 혼을 내면 며칠 기가 죽어 있다가, 다시 새로운 구두를 사 오면…… 또 씹는다. 제일 심했던 때는 일주일 만에 세 켤레의 신발을 물어뜯어 결국 버렸던 경우다.

그때마다 정말 신발을 안고 울고 싶은 심정이었다. 혼을 내고 또 혼을 내도 아이들은 계속 신발을 물어뜯었다. 계속 혼을 내다가 문득 이런 생각이 들었다.

'우리 아이들은 천재가 아닐까? 어떻게 비싸고 아끼는 신발들만 골라서 물어뜯지?'

저렴하게 샀거나 낡은 운동화는 씹지도 않는다. 오직 값나가고 아끼는 새 하이힐들만 골라서! 귀여운 말썽천재들 덕에 이제 아끼는 신발들은 신발장 가장 높은 곳에 숨겨놓는다. 밤비와 부가 닿지 못하는 곳에 꽁꽁!

강아지들이 벌이는 말썽이 어디 이것뿐일까. 비싼 화초를 모조리 뜯어 먹는 아이가 있는가 하면, 장판을 죄다 긁어놓는 아이도 있고, 방석과 쿠션에 구멍을 내놓는 아이도 있다. 식탁에 뛰어올라 엉망진창으로 만드는 아이, 집안 곳곳을 모두 자신의 화장실로 만드는 아이…… 반려견들이 부리는 말썽은 종류도 가지각색이다.

아무리 예쁘고 사랑스럽다고 해도, 이런 말썽들을 웃으면서 넘길 수 있는 사람은 많지 않을 것이다. 도대체 왜 이리 말썽을 피우는지 속상하기도 하고, 정말 힘들 땐 다른 곳으로 보내버리고 싶은 마음마저 들 수도 있다.

하지만 말썽은 얼마든지 바로잡을 수 있다. 아이들의 성격이나 행동

을 고치기 어렵다면, 말썽의 원인이 되는 소재를 치우는 것으로도 해결이 가능하다. 무조건 아이들에게 문제의 원인을 돌리고, 태도를 바로잡으려고 하기보단, 다른 방법들을 고민하는 여유도 필요하지 않을까.

 Kim 원장님's tip : 27

강아지 말썽, 미리 방지하기

① 강아지에게 물건은 사냥감! 닿지 않는 곳에 치워두자
특정 물건을 사냥감이라 생각해 집착하거나 물어뜯는 것은 개의 본능이다. 또 소유욕이 강해서 자기가 차지한 것을 빼앗기지 않으려 하는데, "줘" "놓아" 등의 말을 지속적으로 훈련하여 입에 물었던 물건을 내려놓게 한다. 개가 집착을 보일 수 있는 물건은 개가 닿을 수 없는 높이로 치우고, 전기 코드 등 물어뜯으면 위험한 물건에는 개가 싫어하는 냄새의 스프레이를 뿌려두는 것도 좋다.

② 지속되는 문제 상황은 원인을 제거해라!
강아지가 자꾸만 배변 패드가 아닌 현관 매트나 거실 러그에 오줌을 싼다면 어떻게 행동을 교정해주어야 할까? 가장 좋은 방법은 그냥 '문제의 매트를 없애는 것'이다. '원인'이 되는 자극을 없애는 것. 동물들에겐 바닥에 깔려 있는 이물질인 매트, 패드에 자신의 체취를 남기려고 하는 본능이 있다. 그러니까 문제 상황의 원인인 매트를 깔지 않으면 된다. 다이어트 중 먹을 게 있으면 먹는데 아예 먹을 걸 안 사두면 차라리 안 먹는 것처럼 원인을 제거해버리는 것이다.

다른 친구는 싫어?

부가 집에 온 첫날 밤비에게 부는 호기심의 대상이었다. 밤비는 부를 발로 만져보기도 하고 냄새를 맡으며 계속 쫓아다녔다. 하지만 부가 처음 집에 왔을 때, 밤비는 거의 다 큰 후여서 몸집이 제법 컸고, 부는 닥스훈트 중에서도 유독 몸집이 작았다. 밤비가 부에게 놀자고 하는 몸짓이 부에게는 큰 공격이 될 수 있는 상황이었다. 그래서 울타리를 만들어 그 안에 부를 분리해두었는데, 부는 울타리가 답답했는지 하루종일 낑낑거리며 울었다. 육아에 지친 엄마가 된 나는 밤비에게 말했다.

"밤비야~ 아가가 울잖아~ 가서 돌봐줘!"

그런데?

신기하게도 밤비가 그 말을 이해했는지 부에게 가서 놀아주기도 하

고 돌봐주기도 하며 한참 시간을 보냈다. 그 뒤로도 부가 울 때면 밤비는 달려가서 동생을 달래주고 놀아주며 돌보는 멋진 언니가 되었다. 밤비와 부가 싸울 때도 지켜보면 부는 진짜 이빨을 드러내고 물지만, 밤비는 부가 자신보다 작은 동생인 걸 알고 무는 시늉만 하는 등 약한 장난만 친다.

그리고 부는 밤비가 배변 보는 모습을 보고 배변 패드에 가서 응가를 했다(밤비는 이전에 배변 훈련을 했다). 부에게 따로 배변 훈련을 하지 않았는데, 배변 훈련 없이도 해낸 것이다! 돌이켜 생각해보니 밤비가 있었기 때문에 부가 우리 집에 잘 적응할 수 있었던 것 같다.

강아지 유치원에 가서도 신기하다. 밤비와 부는 서로 가족이라는 걸 알아서 다른 강아지들이 있으면 둘이서 편을 먹고, 다른 개를 경계하거나 공격한다. 이런 모습들을 지켜본 탓인지 나는 누가 물어보면 두 마리 이상의 반려견을 함께 키우는 걸 추천하곤 한다. 늘 집에 남겨진 한 마리의 강아지가 걱정된다면 말이다.

밤비와 부가 함께한 지도 어느덧 5년이라는 시간이 지났다. 두 아이가 싸우거나 서로를 괴롭히는 일이 없었기에, 나는 밤비와 부는 서로를 받아들이고 각자의 영역에서 잘 살아가고 있다고만 생각해왔다. 하지만 그 사건 이후에 알았다. 밤비와 부는 사실 엄청난(!) 질투쟁이였고, 다른 가족은 받아들이고 싶어 하지 않는다는 사실을!

　동물보호활동을 시작하고 몇 번 유기견 구조에 참여한 적이 있다. 그 뒤로도 유기견 문제에 관심을 갖게 되었는데, 그러다 보니 자연스럽게 유기견을 우리 가족으로 입양하는 일도 생각해보게 되었다.

　밤비와 부 이후에 입양을 생각했었던 첫번째 아이는 '모모'이다. 유기견을 입양하는 프로그램에서 만난 아이였는데 자그마하고 하얀 슈나우저였다. 사실 첫 만남은 데면데면했다. 하지만 모모는 내가 자신을 예뻐한다는 걸 알았는지 금세 나를 잘 따랐고 금방 친해질 수 있었다. 촬영날 밤비와 부는 동물병원에 있었는데, 모모도 기본 검진을 받고 애들에게 인사도 시킬 겸 모모와 함께 병원으로 갔다. 기본 검진이 끝나고 새로운 가족이 생긴다는 들뜬 마음에 얼른 애들이 있는 곳으로 향했다. 나는 작은 모모를 품에 안고 아이들에게 다가갔다.

　나를 반기던 것도 잠시. 안고 있던 모모를 바닥에 내려놓는 순간, 아이들이 돌변했다! 밤비가 그때까지 한 번도 본 적 없는 화난 얼굴로 으르렁거리며 모모를 공격했다. 부도 마찬가지였다. 모모를 경계하며 짖기 시작했다. 모모도 놀라서 어찌할 바를 몰랐다. 놀란 마음에 얼른 모모를 다시 안아 올렸다. 아이들이 너무 공격적으로 변했기 때문에 더 이상 함께 있는 것은 무리였다. 그렇게 밤비와 부, 모모의 만남은 거기

"요녀석들, 둘은 이렇게
같은 곳을 바라보며
어울리면서!"

서 끝이 났다.

한 번도 본 적 없었던 아이들의 성난 얼굴. 내가 자신들이 아닌 누군가를 품에 안고 예뻐하는 모습을 보아서였던 것 같다. 물론 낯선 엄마의 모습에 질투가 났겠지만. 밤비와 부의 질투심이 그 정도였을 줄이야!

입양을 생각했던 또다른 아이도 있다. 두번째 아이의 이름은 '똑순이'였는데, 작년에 출연했던 드라마의 촬영장을 배회하던 아이였다. 신기하게도 나를 잘 따랐다. 예쁜 아이가 촬영장 주변을 배회하는 것이 안쓰러워 동물병원에 데려다주었다. 며칠 동안 동물병원에서 보호를 해주었고, 그 아이가 발견되었던 주변을 전부 수소문했지만 결국 주인은 나타나지 않았다.

'똑순이'는 결국 한 달 넘게 동물병원에서 임시보호 기간을 지냈다. 애교도 많고 배변 훈련도 잘되어 있던 똑순이. 가족이 되어 함께 지내도 좋겠다는 마음이 자꾸 들었다. 하지만 지난번 모모 때의 사건이 생각나 집으로 데려가지는 못하고 틈나는 대로 동물병원에 들러 그 아이를 보살폈다.

그러던 어느 날. 밤비와 부 다 같이 병원에 가게 되었다. '인사라도 시켜주면 차차 친해질 수 있지 않을까?' 나는 또 한번의 기대를 품고 밤비와 부, 똑순이를 만나게 해주기로 결심했다.

"밤비, 부. 인사해. 똑순이야."

아이들은 똑순이에게 다가갔다. 냄새를 맡으며 주의 깊게 살펴보는 듯했다. 그런데! 내가 똑순이를 만지는 순간! 밤비가 그 아이를 물어버렸다. 순식간이었다. 4년 동안 밤비를 키우면서 한 번도 없었던 일이었다.

내가 이렇게 놀랐는데 똑순이는 얼마나 더 놀랐을까? 선생님께 데려가 살펴보니 다행히 놀랐을 뿐 몸에 상처를 입지는 않은 상태라고 하셨다. 밤비가 진짜 물어서 해치려고 했던 것이 아니라 겁만 주려고 살짝 무는 행동을 한 것으로 보인다고 설명하셨다.

놀란 마음이 조금 진정되자 밤비와 부의 행동이 신기해서 웃음이 피식 나왔다. 동물병원이나 강아지 유치원에서 시간을 보낼 때에는 큰 무리 없이 다른 강아지들과 생활하는데, 내가 조금이라도 더 특별하게 관심을 기울이거나 입양을 고려하는 강아지들은 그 사실을 알아차리고 경계하는 것이다. 어떻게 알고 그러는지, 그 사실이 참 신기했다.

밤비야, 부야. 엄마는 나중에 마당이 있는 집에 살게 되면, 한 마리를 더 입양하고 싶은데 괜찮을까? 다른 가족이 생겨도 엄마는 너희를 변함없이 사랑해. 언제쯤 마음을 열어줄 거니? 이 질투쟁이들아!

"언제쯤 마음을 열어줄 거니?
이 질투쟁이들아!"

강아지에게 형제 만들어주기

병원 손님들로부터 이런 질문을 많이 받는다.
"지금 키우고 있는 강아지가 혼자라서 외로워하는 것 같은데, 한 마리 더 키우면 덜 심심해하고 좋아하지 않을까요?"
답부터 말하자면 먼저 입양했던 강아지가 좋아할 수도 있고 안 좋아할 수도 있다. 먼저부터 있었던 강아지 입장에서는 새 강아지가 입양되어 함께 산다는 것은 말 그대로 '잘해야 본전'인 장사이기 때문이다. 지금까지는 기존의 강아지 혼자 사랑을 독차지하며 먹을 것, 놀 것, 입을 것을 다 누리며 독보적인 존재로서 살아왔지만, 새로운 강아지가 들어오면 보호자분의 사랑을 나누어 가져야 하는 '무한경쟁시대'에 돌입하게 되니, 그저 반길 수만은 없는 일일 것이다. 먼저부터 같이 살았던 강아지가 새로 들어온 강아지를 어떻게 인식하고 받아들이느냐가 앞으로의 둘의 관계를 좌우할 수 있다.

① 기존의 강아지와 새로 올 강아지의 성격을 파악하자
추가입양을 생각한다면 먼저 본인, 우리 집 강아지 그리고 가족 구성원들이 새로운 강아지를 받아들일 준비가 되었는지부터 생각해봐야 한다. 주거 환경이나 가족들의 관심 그리고 기존의 강아지의 성격, 품종 등을 잘 생각하고 결정해야 한다. 예를 들어 기존 강아지의 품종이 치와와이고 아주 얌전한 성격을 가지고 있는데, 활발한 성격의 코카스파니엘이나 슈나우저 등을 새로 입양해온다면, 기존의 치와와는 스트레스부터 받으며 둘의 관계를 시작할 것이다. 즉, 기존의 강아지와 새로 올 강아지의 성격, 성별, 품종 등을 잘 살피어 입양을 결정하면 된다.

② 주인은 경찰의 역할을 맡아야 한다
새로 데려온 후에는 둘의 관계를 잘 정리해주는 '경찰'의 역할을 보호자가 해야 한다. 두 강아지가 서로 친해질 수 있게, 서로의 존재를 인정할 수 있게, 또한 서로 적응할 수 있게 시간과 환경을 꾸준히 만들어줘야 하는 것이다. 한 마리를 키우다 새로운 개가 오는 경우, 먼저 개와 주인이 이전부터 쌓아온 관계나 규칙 등에 혼란이 생기거나 강아지들끼리 먹이, 장난감을 두고 싸움이 생길 수도 있다. 새로 온 강아지에게도 규칙을 확실히 가르치고, 서로 질투하는 마음이 들지 않게끔 각각의 강아지와 충분한 교감을 나누어야 한다.

③ 서열을 정해주자
두 마리가 큰 다툼이나 문제없이 지내게 하기 위해서는 두 마리의 '서열'을 정해주는 것이 좋다. 아마 '두 마리가 친구처럼 평등하게 지내면 되지 않나?' 하고 생각하는 독자분들이 있을 거다. 그러나 동물들 사이에서 절대 평등이란 존재하기 어렵다. 아무리 사이좋고 잘 지내는 강아지들끼리라도 거기에는 분명 서열이 존재한다. 서열이 있기에 다툼이 없고 친하게 지내는 것처럼 보이는 것이다.

④ 식사 순서로 서열을 정할 수 있다
일상생활에서 쉽고 편하게 적용할 수 있는 서열 정리방법은 '밥' 먹는 것부터 시작된다. 어느 강아지를 형으로 하고 어느 강아지를 동생으로 할지를 정해야 하는데, 두 마리가 서로에게 매우 배타적이거나 공격적이지 않다면, 힘센 강아지를 윗서열로 하기보다는 예전부터 함께 생활해온 강아지를 윗서열로 해주고 새로 입양한 강아지를 아랫서열로 정해주는 게 훨씬 더 훈련 효과가 높을 것이다.
예전부터 함께 살아온 윗서열의 강아지에게 먼저 밥을 먹게 하고, 새로 온 강아지는 뒤편에서 자기의 식사 순서를 기다리게 하자. 먹으려고 달려들거나 조르더라도 순서를 기다리게 하고 안 된다는 메시지를 주면 그 순간 두 마리의 강아지는 서로의 서열과 질서를 인식하게 된다. 식사를 할 때마다 반복적으로 순서를 지키고 메시지를 주면 두 마리의 서열이 정해지고 자연스럽게 다툼이나 문제가 줄어들게 될 것이다.

⑤ 무엇이든 윗서열의 강아지부터!
산책을 나가기 위해서 옷을 입히고 목줄을 채울 때나, 산책 후에 집에 들어와서 몸을 닦아줄 때에도 윗서열의 강아지에게 먼저 행동해주면 두 강아지에게 반복적으로 학습 효과를 유도할 수 있다.

⑥ 억지로 친하게 만들려고 하지 말자
한집에서 서로 잘 지내는 것처럼 보이는 강아지들도 실은 데면데면할 수도 있다. 서로 존재를 인정은 하는데, 서로의 영역을 침범하지 않아서 문제가 생기지 않는 것이다. 한 보호자 아래에서 지내기에 톱니바퀴처럼 딱 맞아 떨어지지는 않지만, 서로 가치관이 달라 터치를 안 하게 되니까 우리 눈에는 잘 지내는 것처럼 보이는 것.
그래도 한 가정에서 두 마리 이상 키우면 최소한의 관계가 생긴다. 낯선 곳에 가면 자신이 편안한 환경을 만들어야 하는데, 그게 그나마 함께 있는 자기 가족인 것이다. 사람도 그렇지만 정말 강아지마다 성격이 다 달라서, 같은 종끼리 묶어놔도 상극인 경우도 있다. 하지만 여러 마리의 개를 키우면, 주인이 없을 때에도 강아지들끼리 생활하며 외로움과 불안감을 해소할 수 있다는 점이 좋다. 억지로 친하게 만들려고 하기보단 서로가 서로의 존재를 받아들일 수 있도록 기다려줄 필요가 있다.

밤비랑 부랑
여행 갔어요~

'밤비와 부도 여기저기 함께 여행 다니며 바닷물에도 같이 들어가고 하면 좋을 텐데……'

봄바람 가을바람 불어 마음이 일렁일 때, 또 한여름 더위를 피해 여행을 떠나고 싶을 때면 밤비와 부 생각이 가장 먼저 난다. 반려견을 가족으로 맞은 반려견 인구는 100만 명에 가까워졌다고 하는데, 여전히 반려견과 함께 여행을 떠날 곳을 찾기란 정말 쉽지 않은 것 같다. 물론 가는 거야 함께 갈 수 있겠지만, 반려견의 동반 입장을 거부하는 숙소나 시설들이 대부분이기 때문이다. 올여름도 더워서 헉헉거리고 있는 우리 아이들을 보자니 바다 생각이 정말 간절했다. 주변 사람들 눈치 보지 않고 함께 물에 들어가서 신나게 놀 수 있는 바다는 없을까~! 생각하며 지나가던 평범했던 어느 여름날, 정말 기쁜 소식 하나를 들었다!

바로 '애견 바다'가 문을 열었다는 것이었다. 강원도 강릉시 사근진 해변에 국내 최초로 반려견과 함께 해수욕을 즐길 수 있는 '반려견을 위한 해수욕장'이 개장한 것이다. 강릉 경포해수욕장에서 1킬로미터 정도 떨어진 곳에 위치해 있는데, 경포해수욕장보다는 훨씬 조용하고 나무도 많다고 한다. 사근진 해수욕장 전체가 애견 해수욕장인 건 아니고, 약 300미터 정도 펜스를 쳐서 별도의 공간을 운영하면서 소형견은 1천 원, 중·대형견은 2천 원의 입장료를 받는다고.

더 기쁜 소식~! 올해 처음으로 운영을 시작한 사근진 반려견 해변은 앞으로 상설화된다고 한다. 지금은 강아지들이 가족들과 마음껏 놀 수 있게끔 해수욕장을 개방한 것 정도이지만 앞으로 반려견과 함께 투숙할 수 있는 숙박시설, 동물병원, 샤워시설 등을 늘려갈 것이라고 한다. 또 지금은 한여름 피서철에만 반려견 해수욕장을 개방하지만 이후에는 사계절 내내 개방하는 것도 검토중이라 하니 정말 감사할 따름이다! (밤비야 부야, 우리도 내년 여름엔 꼭 강릉 바다 구경 가보자!! ♥)

반려견 인구들이 기뻐하는 사이, 반려견 해수욕장 운영에 대한 찬반 논란도 있었다고 한다. '불쾌하다, 더럽다'며 반대하는 사람들의 의견을 듣고는, 휴가 때면 갈 곳 없는 반려견들과 가족들의 안타까운 마음을 강아지를 키우지 않는 분들도 조금만 너그러이 봐주었으면 하는 바람도 들었다(ㅠㅠ). 물론 이 해변을 관리하는 분들도 일반 해수욕장과 반려견 해수욕장의 경계를 잘 설치해 강아지를 무서워하거나 좋아하지 않는 사람들이 불만을 갖지 않게끔 민원을 해소해주는 노력도 동반되어야 할 것 같다.

    올해 처음 운영을 시작한 반려견 해수욕장에 대한 기대가 크지만, 그동안 애견인들이 선택할 수 있었던 가장 큰 선택지는 '애견 펜션'이었다. 나도 밤비, 부와 함께 뛰어놀고 함께 잠들 수 있는 펜션들을 찾아보곤 했다. 펜션에 있으면 조용히 생각하는 걸 좋아하는 나를 위한 휴가도 보낼 수 있고, 넓은 마당에서 원하는 만큼 실컷 뛰어 놀 밤비와 부를 위한 휴가가 될 수 있기 때문이다. 얼마 전 봄에는 〈나 혼자 산다〉라는 프로그램에서 배우 이성재 선배님께서 반려견 에페를 위한 펜션 여행을 떠나는 모습이 방영되면서 애견 펜션이 다시 화제가 되기도 했다. 특히 그 반려견 펜션에는 수영장, 사우나 등의 시설까지 갖추어져 있어 사람들에게 더욱 관심을 받았다.

    하지만 그렇게 안락하고 화려한 공간은 왜 만들어졌을까? 그것들 뒤에 감추어진 반려견 가족들의 마음도 함께 읽어주었으면 좋겠다. 애견 펜션의 수가 늘어나고, 애견 바다가 문을 여는 이유도 아마 같을 것이다. 정말 작고 소소한 그리고 평범한 이유다. 반려견과 주인들은 정말

한 가족의 인연을 맺은 것이고, 좋은 풍경을 함께 누리고 여행하고 싶은 마음은 모든 가족들과 똑같기 때문이다. 좋은 계절을 함께 즐기고, 따뜻한 끼니를 나누고, 밤바람 좋은 여행지에서 함께 스르르 잠드는 것. 아주 작고 소소한 여행에 대한 바람, 그게 전부다. 함께 여행을 떠나는 즐거움, 우리 강아지들과 사람들에게 하나하나 주어졌으면 좋겠다.

얼마 전엔 밤비, 부와 함께 애견 수영장에 다녀왔다. 아이들과 작은 추억 하나를 더 만들어보고 싶기도 하고, 강아지는 기본적으로 물을 좋아한다는데 좀더 깊고 넓은 물에서 마음껏 놀게 해주고 싶기도 해서였다.
하지만 이게 웬걸. 신나서 '개헤엄'을 치며 다닐 줄 알았던 밤비와 부가 무서워 벌벌 떨며 수영장 근처에 얼씬도 하지 않으려 하는 게 아닌가. 결국 내가 물속에 안고 들어가서야 겨우 물놀이를 시작할 수 있었다. 그래도 역시 즐거웠다. 우리가 공유할 수 있는, 또다른 추억 하나가 만들어졌으니까!

"밤비야,
엄마한테 기대지만 말고
개헤엄 좀 쳐봐!"

Kim 원장님's TIP : 29

강아지도 힐링이 필요해

강아지의 스트레스 원인은 알고보면 매우 단순한 것일 수 있다. 가장 본능적인 욕구가 채워지지 않을 때 스트레스를 받는 경우가 많기 때문이다. 먹는 것이 부족하거나 마음에 들지 않을 때, 노는 재미를 찾지 못할 때, 사는 곳이나 자는 곳 등의 주변 환경이 편안하게 느껴지지 않을 때 그렇다. 이런 경우 스트레스를 받는 원인이 되는 조건들을 조금씩 다르게 바꿔주어 강아지의 스트레스를 완화시킬 수 있다.

강아지들의 스트레스를 풀어줄 수 있는 방법으로는 역시 같이 놀아주는 것이 가장 좋다. 강아지의 건강에도 좋고 보호자와의 교감을 나눌 수 있는 시간이 되기 때문. 같이 공놀이를 하거나 중·대형견인 경우에는 수건을 말아서 강아지가 입으로 물고 당기는 터깅 Tugging 을 해도 좋다. 만약 이런 활동적인 놀이를 함께하기 힘들다면 가볍게 야외에서 산책을 하는 것만으로도 강아지의 스트레스를 많이 낮추어줄 수 있다. 일정한 시간 동안의 일광욕은 피부의 재생력을 촉진시키고 면역력을 증강시켜 아토피 피부나 건선 피부염 등을 치료하는 데 효과가 있다.

아로마 치료

또한 요즘은 강아지들의 스트레스 완화 및 피부 개선, 관절 통증 완화 등에 효과가 있어서 인기가 있는 관리법으로 '아로마 치료'가 주목받고 있다. 강아지용 천연 아로마 용품들은 벌써 시중에 다양한 상품으로 나와 있다. 물론 이름만 그럴싸하고 성분이나 원산지가 불분명한 제품들도 있기에 선택하기 전에 수의사의 조언을 구하고 신중하게 골라야 한다. 아로마 용품들은 강아지의 마사지나 스파, 물리치료 등에 사용된다. 아로마 오일을 강아지의 몸에 직접 발라주어 피부의 보습효과 개선이나 정신적인 스트레스 완화를 유도할 수 있고 관절 등에 마사지를 해주면서 혈액 순환을 도와 관절 통증의 완화를 기대할 수도 있다. 다양한 아로마 용품들을 각 성분의 특성과 효과에 맞게 선택하면 된다.

라벤더 Lavender 균형 및 증진효과, 우울증이나 피부(염증, 습진, 피부재생), 호흡기(천식, 기관지염) 질환 등에 사용
제라늄 Geranium 피부질환에 널리 쓰인다. 습진 및 곰팡이 감염, 아토피에 효과가 있다.
바질 스위트 Basil Sweet 개의 공포 및 분리(격리)불안증 완화
베르가못 Bergamot 항곰팡이효과가 좋아 외이도염 치료제로 쓰인다. 우울증 및 식욕 부진 개선에 효과가 있다.
캐롯 시드 Carrot Seed 간기능 재생효과 및 피부 재생효과가 있다.
생강 Ginger 소화 기능과 혈액순환을 촉진하여 근육통 및 류머티즘 등에 효과적이며, 멀미 방지에도 효과가 있다.
네롤리 Neroli 진정효과 탁월. 불안감 및 스트레스 해소에 효과가 있다.
로즈우드 Rosewood 피부진정에 매우 효과적. 제라늄과 함께 피부 오일에 많이 사용.

이러한 다양한 오일들을 이용하여 마사지나 흡입법, 발향법, 전신욕 등으로 스트레스 완화 및 식욕 증진 등의 다양한 효과를 기대할 수 있다. 하지만 보호자의 무관심과 부족한 애정이 강아지를 우울하게 하고 심심하게 만들고 스트레스를 높이는 것일 수 있기에, 가장 중요한 것은 일상 속에서 한번 더 관심을 갖고 한번 더 보살펴주는 것이다. 사랑을 듬뿍 받는 강아지들은 더 건강하고 행복한 삶을 살 수 있을 것이다.

"우리가 공유할 수 있는,
또다른 추억 하나가
만들어졌으니깨.

그 리 고
남은 이야기

이제는 정말
행복해져야 할
아이들

'애완견'이 아니라 '가족'

언제부터인가 나는 윤승아가 아닌 '밤비와 부의 엄마'가 되었다. 엄마라는 이름을 갖는 것이 쉬운 일은 아니지만, 그냥 자연스럽게 엄마가 된 것 같다. '엄마'라는 이름을 얻게 되자 어떤 막중한 책임감을 느꼈고 독립심도 생겨갔다. 아이들이 자라는 과정에서 물론 힘들 때도 있지만, 밤비와 부가 없었다면 지금 내 삶은 어땠을까? 밤비와 부가 없는 일상이 이제는 상상조차 되지 않는다.

서울에 온 뒤로는 외로운 날이 많았다. 겁 많고 소심한 성격 탓에 혼자서는 아무것도 못하는 바보였는지도 모른다. 불면증에 시달리기도 했다. 혼자만의 시간을 좋아하긴 했지만 누군가 곁에 있길 바라는 날도 많았다. 하지만 친구들은 거의 다 직장생활을 하는 규칙적인 삶을 살고 있어서 나와 시간이 맞지 않을 때가 많았다. 그랬던 내 곁에 밤비와 부가 온 것이다. 밤비와 부를 만난 후 내 삶에 작은 변화들이 시작되었다. 아이들의 숨소리가 들리는 집에서 잠도 푹 자고, 아침 일찍 일어나 애들 밥을 챙기게 되었다. 밤사이 어땠는지 아이들을 돌보고 햇살 좋은 날 산책을 즐기다보면 금세 하루가 간다.

물론 그렇다고 외로움이 사라진 건 아니었다. 일을 할수록 공허함이 생겼고 우울하기도 했다. 설명할 수 없는 서러움에 울곤 했는데, 그때마다 밤비와 부가 달려와 손으로 나를 만져주고 정성스레 핥아주었다. 내가 괜찮아질 때까지 묵묵하게 옆을 지켜주는 것. 그게 얼마나 큰 위로가 되는지는 반려견을 키워본 사람은 알 것이다. 서로를 보듬고 이해하는 것, 밤비와 부는 함께 산다는 것 의상의 의미로 진짜 나의 가족이었던 것이다.

사실 우리 엄마는 처음에 강아지 키우는 걸 반대했다. 강아지 털 때문에 내 호흡기에 문제가 생겨서 병원에서 키우지 말라고 했기 때문이었는데, 그렇게 반대하던 엄마도 서울 집에 오셔서 내가 없는 동안 아이들과 시간을 몇 번 보내시더니 말씀하셨다.

"애들이 있어서 네가 행복한 것 같아. 강아지 키우고부터는 사고방

식도 긍정적으로 많이 바뀌고 밝아졌어. 그리고 네가 집을 비우면 둘다 현관문 앞에서 너 올 때까지 기다리는데, 내가 아무리 불러도 안 와. 그게 그렇게 기특하고 신기하더라. 아무래도 네가 그 애들한테 사랑을 많이 받아서 밝아진 것 같아."

맞는 말이다! 밤비와 부를 만나 나는 정말 행복하다. 그 아이들 덕에 나는 참 많이 웃는다. 행복하다. 울다가 웃으면 큰일난다는데, 나는 울다가도 밤비와 부를 보고 웃어버린다. 축 처진 어깨를 이끌고 집으로 돌아올 때면 문 앞에서 밤비와 부를 발견하는데, 내 발소리에 귀 기울이며 나만을 기다렸을 아이들의 마음이 저절로 나를 응원하고 지쳤던 마음을 다시 일으켜 세운다. 밤비와 부가 내 곁에 온 것은 그 자체로 큰 행복이자 기쁨, 축복 같은 것이었다.

또 나는 밤비와 부로 인해 다른 동물들과 유기견, 환경 문제 등의 사회 문제에도 관심을 갖게 되었다. 내 삶과 주변 사람들, 세상 모두를 새롭게 바라보는 눈을 갖게 된 것이다. 사람들 때문에 상처받은 동물들을 보면서, 나의 고통이나 고민은 아무것도 아니라는 사실을 깨닫기도 했고, 마음을 표현하고 소통할 수 있다는 것에도 감사하게 되었다. 서로 바라보고 소통하며 내게 큰 사랑과 온기를 알게 해준 밤비와 부. 어떻게 보면 그들이 나에게 기대어 사는 것 같지만, 사실은 내가 그들에게 기대어 살고 매일매일 사랑을 배우며 살아간다. 지금 이 순간에도. 이런 감정을 알게 해준 밤비와 부에게 고마울 뿐이다.

하지만 가끔 이런 나를 두고 손가락질하는 사람도 있다. '고작 개들에게 왜 그리 정성을 쏟냐.' '불쌍하고 힘든 아이들도 많은데 왜 한낱 개들을 돕고 있냐.' 앞에서도 말했지만, 내가 동물을 사랑하듯 동물을 사랑하지 않는 사람도 있을 수 있다고 생각한다. 하지만 아이들 앞에 붙는 '한낱' '고작' 같은 표현이 마음 아픈 것은 어쩔 수 없다.

내게 밤비와 부는 그저 내가 기쁘자고 키우는 애완견이 아니라 함께 살며 소통하고 사랑을 나누며 의지하는 가족이다. 동물을 좋아하지 않는 사람들에게 동물의 가족이 되어달라고, 동물을 사랑해달라고 부탁하는 것은 무리일지 모른다. 하지만 동물을 가족으로 생각하는 사람도 있다는 걸 인정해달라는 부탁은 괜찮지 않을까. 누군가는 친구에게서 위안을 받고, 누군가는 연인에게서 힘을 얻듯, 반려견을 통해 삶의 기쁨과 행복을 만끽하는 사람도 있다는 사실, 그 다양성에 대해 좀더 열린 세상이 오는 날을 바라본다.

마음의 문을 닫아버린 아이들

밤비와 부를 키운 지 2년쯤 되었을까? 밤비와 부를 키우는 사이 내게도 조금씩 변화가 일어났다. 직접 반려견을 키우기 때문인지 유독 다른 동물들에게도 시선이 가기 시작한 것이다. 특히 강아지. 어려서부터 동물을 좋아했기에 위험에 처한, 아픈 동물들을 보면 마음이 약해지곤 했다. 그런 동물들을 직접 도와야겠다는 생각이 절실해졌을 때엔 동물보호활동을 시작했다. 동물보호에 참여하다 보니 알고 있던 것보다 사태가 훨씬 심각하다는 것을 알게 되었다.

　동물보호단체 '카라'에서 '마석 보호소'를 소개해주어 그곳으로 봉사활동을 가게 됐다. 처음으로 하게 된 보호활동이라 아무것도 모르고 보호소에 갔는데, 직접 가보니 사람들의 손길이 아주 많이 필요한 곳이었다. 아주머니 한 분이 70여 마리의 유기견들을 돌보고 있어 강아지 목욕, 견사 청소, 중성화수술 등 해야 할 일이 많았다. 의료 봉사를 할 수 없는 나와 다른 봉사자들은 청소를 했고, 밤비와 부가 다니는 병원의 김건호 원장님과 건대 수의학과 학생들은 보호소 아이들의 중성화수술을 맡아 진행했다. 환경이 제대로 갖추어지지 않은 임시 수술대에서 마취를 하고 수술을 해야 하는 현실이 너무 안타까웠다. 마석 보호소는 다른 동물보호시설에 비해서 그나마 상황이 나은 곳이었지만, 그래도 강아지들에게 너무 가혹한 환경이라는 생각을 떨칠 수는 없었다.

마석 보호소로 봉사활동을 다녀온 뒤로 며칠간은 잠을 잘 자지 못했다. 자꾸만 보소호의 아이들이 생각나 마음이 아팠던 탓이었다. 한 번으로는 끝내서는 안 된다는 생각이 들었다.

그 뒤로 시간이 될 때마다 보호소를 찾았다. 그러던 어느 날은 청소를 마치고 애들에게 간식을 나누어주기 위해 견사를 돌아다녔다. 보호소의 애들은 간식을 자주 접하지는 못하기 때문에 간식을 주면 참 좋아한다. 그런데도 이상하게 항상 얼굴을 보지 못한 아이들이 있었다.

이상했다. 분명히 견사 안에 집도 있고 밥그릇도 있는데 왜 봉사활동 내내 한 번도 본 적이 없는 걸까. 혹시 비어 있는 집인가 싶었다. 궁금한 마음에 보호소를 관리하시는 분께 물었다.

"저 안에도 강아지가 있어요? 한 번도 본 적 없는데, 혹시 비어 있나요?"

"아휴, 아니에요. 그 집에도 개가 두 마리나 있어요. 보호소에 온 뒤로 집에서 나온 적이 없어서 그렇지."

이어지는 말은 정말 충격적이었다. 그 아이들은 보호소 근처의 산에서 태어났는데, 극적으로 구조되었다고 했다. 산속에서 아이들이 막 태어났을 무렵 어미가 아이들을 보살폈는데, 동네 사람들 중 몇이 사냥용 총을 가지고 가서 어미를 쏘아 죽였다. 심지어 아이들이 함께 있고 두 눈으로 보고 있는 바로 그 장소에서!

개들이 무참한 죽임을 당하고 있다는 신고를 받은 보호소 아주머니는 산으로 뛰어갔다. 총에 맞아 죽은 어미를 보니 가슴이 찢어질 듯해 제발 살려달라고 빌고 또 빌었다. 그 애원에도 불구하고 총성은 멈추지 않았다고 한다. 그들에겐 왜 그렇게 잔인한 죽음이 필요했을까? 이유는 단 하나. 먹기 위해서였다.

말문이 막혔다. 표현할 수 없는 분노와 미안함에 자꾸 눈물이 났다. 그 방법뿐이었을까? 아직 너무도 어리고 엄마의 품이 필요한 시기의 아이들이었는데…… 그들이 너무 잔인했다.

그날 엄청난 충격을 받은 두 아이, 살아남은 두 아이는 사람을 극도로 경계하고 두려워한다고 한다. 아이들의 마음이 이해가 됐다. 눈앞에서 총을 쏴 어미를 죽이는 인간의 모습을 보았으니 자신에게 다가오는 인간을 보면 얼마나 무서울까.

다시 가슴이 먹먹해온다. 태어난 지 얼마 되지 않아 사람에 의해 엄마를 잃은 아이들. 그래서 건사의 한편 자신들의 집에 꽁꽁 숨어 인간을 피하는 아이들. 얼마의 시간이 지나야 그 아이들의 마음속 상처가 치유될 수 있을까? 아니 과연 치유가 될 수 있을까?

언젠가는 그 아이들의 사람에 대한 상처가 아물기를 바라본다. 나 역시 아직까지도 그 아이들의 얼굴을 보지 못했지만, 보호소를 찾는 우리들의 진심이 전해진다면 언젠가 집에서 나와 사람들을 반기는 날이 오지 않을까 고대하고 기도한다.

마음의 문을 여는 첫걸음,
우리의 봉사활동에서 시작되는 것 아닐까요?

첫 봉사활동에서 받은 마음의 상처가 커서인지 마음을 추스르는 데에 꽤 오랜 시간이 걸렸다. 그러다가 한 매거진의 객원 에디터로 기획을 할 수 있는 기회가 생겼는데, 고심 끝에 유기견을 위한 바자회를 개최하기로 했다. 많은 도움의 손길이 필요했던 상황에서 많은 분들이 도움을 주어 무사히 바자회를 열 수 있었고, 생각했던 것보다 많은 수익금을 남길 수 있었다.
(이 지면을 통해 다시 한번 감사의 인사를 전한다. 따뜻한 마음으로 물건을 기부해주신 브랜드들, 동물을 사랑하는 마음 하나로 작은 콘서트 현장까지 달려와준 어반자카파와 허밍어반스테레오 그리고 정말 큰 도움을 주었던 보영 언니를 비롯한 많은 지인들까지! 또 유기견들을 위해 선뜻 참여해주신 디자이너분들인 자인송의 송자인 실장님, 푸시버튼의 박승건 실장님, 센토르의 예란지 실장님, 이 일을 계기로 아주 가까운 지인이 되어버린 스티브j&요니p의 스티브 오빠, 요니 언니에게도 감사의 마음을 전한다. 이 모든 분들이 없었다면 해내지 못했을 일이었다.)

봉사. 어쩌면 어렵고 힘든 남의 이야기인지도 모른다. 나 또한 밤비와 부를 키우기 전엔, 중고등학교 다닐 때 다녀본 봉사활동이 전부였다. 아이들과 가족이 되고 다른 강아지들에게 관심이 생기고 그 아이들의 고통과 상처가 보였다.

그렇게 시작된 봉사. 처음엔 생각보다 열악한 환경에 대한 충격으로 다시 보호소를 찾았다. 그리고 그 뒤로는 나 자신을 위해 봉사를 간다. 일견 화려해 보이는 직업을 갖고 있지만, 그에 반해 스트레스와 공허함, 우울함이 큰 일이기도 하다. 누군가에게 비치는 모습이 중요하다 보니, 알게 모르게 스스로를 억압할 때가 많고, 그것이 퍽 힘이 든다. 그때의 기분을 설명하거나 해소할 길이 없다.

언젠가 효리 언니에게 그런 우울함을 호소했더니 언니가 긴급처방을 해주었다. 그럴 때 보호소에 가보는 건 어떻겠냐고. 아무것도 모른 채 그곳에서 고통받는 아이들을 보면 느끼는 게 있을 거라고. 그렇게, 무거운 마음으로 향했던 보호소는 어느덧 나에게 에너지의 원천, 힐링의 장소가 되었다.

아무것도 모른 채 사람들에게 버려지고 학대받고 상처받고 또 사람들에게 기대어 살아가는 아이들. 가끔 가는 날을 알아봐주고 반기고 안아달라고 사랑해달라고 애원하는 아이들. 그 눈빛, 몸짓을 보면 미안함이 몰려온다.

'나는 왜 힘들어 했을까? 왜 스트레스를 받았을까? 이 아이들도 이렇게 힘을 내고 나를 보며 환하게 웃는데, 이 아이들의 고통에 비하면 아무것도 아닌데……'

견사를 청소하고 목욕을 시키고 한 아이, 한 아이라도 더 눈을 맞추다보면 내 스트레스와 고민은 이미 사라지고 나는 어느덧 웃고 있다. 그 아이들이 나에겐 힐링이자 삶의 일부분이자 배움인 것이다. 우리는 같은 언어를 사용하지 않는다. 하지만 마음의 교감으로 많은 것을 느끼고 사랑한다. 봉사! 그것은 아이들을 위한 무엇이 아니라 나 자신을 위한 봉사인 것이다.

내가 아닌 그들의 눈으로
세상을 바라봐주세요

그동안 많은 반려동물 관련 책들을 보며 수의사로서 생각해온 것이 있다. 책은 결국 사람의 시선에서 동물에 대해 쓰는 것이다. 아무리 동물에 대해 많이 알고 잘 이해하는 사람이 쓴다고 해도 100퍼센트 진짜 동물의 이야기일 수는 없다는 생각이다. 사실 아무리 동물을 사랑하고 아끼는 사람이라고 하더라도 동물을 온전히 이해하기는 쉽지 않다. 나 역시도 마찬가지다.

　수의사로서 동물의 문제 행동에 대해 문의 받으면 가장 기본으로 바탕에 두는 점은, 그런 행동들이 동물 입장에서는 가장 '본능적'이고 '악의 없는' 행동이라는 것이다. 하지만 보호자의 시선에서는 무조건 동물들의 잘못이라 생각하는 것 같다. 좋지 않은 쪽으로 해석하곤 행동을 고치려고만 하는 것이다. 눈에 보이는 강아지들의 특이 행동들을 어떻게 해결할 수 있을까 고민할 때에는 반드시 강아지의 입장을 한번 더 생각해보고 이해해보려는 노력이 필요하다. 정말 그것이 '문제'인지 판단해야 한다는 뜻이다.

  강아지들이 엄마가 나갈 때 낑낑거리고 매달리는 경우를 예로 들어보자. 엄마는 나를 지켜주는 존재인데 사라지려 하니까, 애기 입장에서는 당연히 싫을 수밖에 없다. 그래서 우는 것이다. 강아지 입장에서 보면 행동 교정방법을 찾는 건 쉽다. 똑같은 행동을 보일 때 수의사나 전문가는 여러 가지 방법들을 해줄 수 있다. 다만 보호자들이 각자의 경험이나 소통을 통해 자신만의 방식을 찾아가야 한다. 정답을 찾으려 들지 말고 말이다.

  그런 의미에서 승아씨가 들려주는 밤비와 부를 만나면서 겪은 다양한 이야기는 많은 애견인들에게 좋은 이정표가 될 수 있을 것 같다. 한 번도 반려동물을 키워본 적 없는 '초보맘'이 아이들과 조금씩 소통하며 한 가족이 되어가는 과정과 거기서 얻은 노하우들이, 이제 막 반려동물과의 삶을 시작한 사람들 그리고 반려동물과의 삶에서 어려움을 느끼는 사람들에게 좋은 도움이 되리라 믿는다.

'어떻게 하면 개를 잘 키울 수 있는가'의 접근이 아니라 '어떻게 하면 함께 행복하게 살 수 있을까'의 접근으로 이야기를 풀어가는 따뜻하고 의미 있는 이 책의 작업에 참여할 수 있어 진심으로 기쁘고 행복했다.

김건호(치료멍멍동물병원 원장)

B a m b i

B o o

사진제공 Thursday Island

강아지야,
너
무슨 생각해?

ⓒ윤승아 2013

초판 1쇄 인쇄 2013년 10월 21일
초판 1쇄 발행 2013년 11월 01일

지은이 윤승아

펴낸이, 편집인 윤동희

기획 고아라
책임편집 김민채 고아라
디자인 한혜진
그림 박세연
사진 김태은
마케팅 한민아 정진아
온라인 마케팅 김희숙 김상만 이원주 한수진
제작 김애진 김동욱 임현식
제작처 영신사
공동진행 Fantagio 김태엽 민수경 최수련 지석환 정지수
장소협찬 studio M

펴낸곳 (주)북노마드
출판등록 2011년 12월 28일 제406-2011-000152호

주소 413-120 경기도 파주시 회동길 216
문의 031.955.2675(편집) 031.955.8886(마케팅) 031.955.8855(팩스)
전자우편 booknomadbooks@gmail.com
트위터 @booknomadbooks
페이스북 www.facebook.com/booknomad

ISBN 978-89-97835-36-2 13490

- 이 책의 판권은 지은이와 (주)북노마드에 있습니다.
  이 책 내용의 전부 또는 일부를 재사용하려면 반드시 양측의 서면 동의를 받아야 합니다.
  북노마드는 (주)문학동네의 계열사입니다.

- 이 책의 국립중앙도서관 출판시도서목록(CIP)은 e-CIP 홈페이지(www.nl.go.kr/cip.php)에서
  이용하실 수 있습니다.(CIP 제어번호: CIP2013021033)

- 이 책의 출판 저작권료 중 일부는 저자의 뜻에 따라 동물보호시민단체 '카라'를 돕는 데 사용됩니다.

북노마드